歴史文化ライブラリー
235

選挙違反の歴史

ウラからみた日本の100年

季武嘉也

吉川弘文館

目次

ウラからみた近代――プロローグ

夜襲に備えて寝ずの番

「大隈《おおくま》ブーム」といわれ劇場型政治の元祖で、選挙史上有名な大隈重信《おおくましげのぶ》内閣下で実施された第十二回衆《しゅう》議《ぎ》院《いん》議員選挙（大正四年〈一九一五〉）での演話。富山県のある政友会《せいゆうかい》候補を応援に行った新聞記者が、投票日前夜の演説会で最後のお願いとばかりに意気込んで演壇に立とうとした時、それまで会場で熱心に聞き入っていた青年たちが、潮が引くようにつぎつぎと退場していくのを目撃した。

不審に思いながらも演説を終えたその記者は、退場した青年たちが別室でリーダーから弁当を支給され、食べ終わると自分が居住する大字《おおあざ》に帰って翌日の朝八時まで徹夜でその入り口に立ち、敵候補陣営の夜襲に備えて寝ずの番をすることを、あとから知らされた。

彼らはたとえば図1のように、大字の出入り口や山頂など監視に都合のよい場所に陣取

図1　敵襲に備える村の監視体制

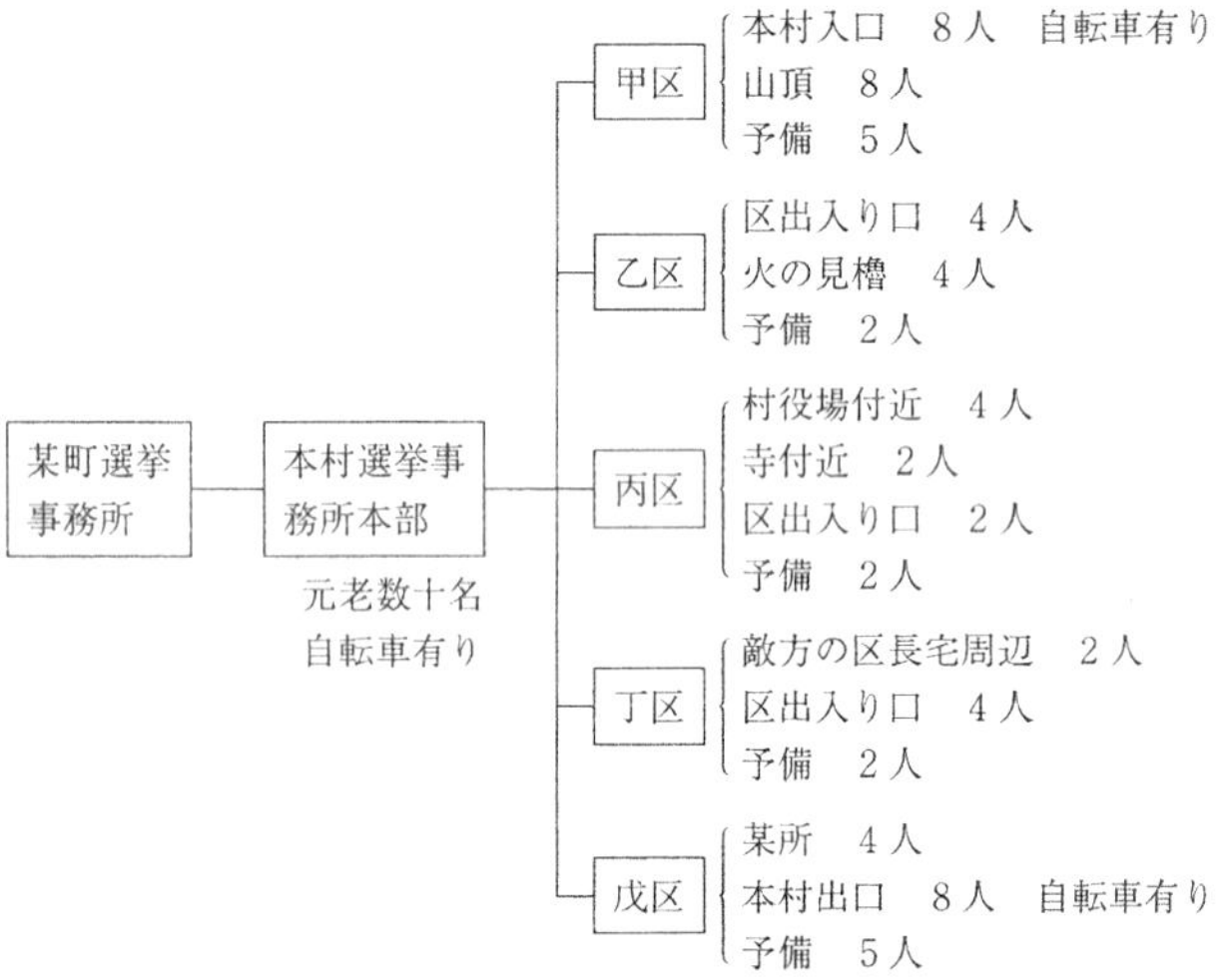

った。そして、甲区の入り口で反対派の運動員らしき人影を認めたとすれば、それが人力車ならば一名は自転車で追跡し、一名は乙区の有志集合場所に、一名は村の本部に報告する。報告を受けた乙区では一名を出入り口に、一名を丙区の集合場所に派遣して連絡し、さらに乙区出入り口では火の見櫓《やぐら》に連絡する。こうして敵の運動員が侵入しても、彼らがすぐそばで密着マークできるため、有権者宅を訪問し買収で投票を依頼することは困難であった。

他方で、彼ら青年たちへは、饗応《きょうおう》などにカネが使われた。ただし、これは青年たちに選挙権がないゆえに買収とはならず、運動員への報酬《ほうしゅう》ということにな

る（上田外男『総選挙記』健行社出版部、一九一七年）。

ちなみに、ここで登場するのは青年すなわち男性だけである。では、女性はどうだったのか。残念ながらこの時期、女性の政治集会への参加は治安警察法《ちあんけいさつほう》で禁止されていた。しかし、それも大正十一年（一九二二）に解消されると、後述するように彼女らは選挙違反撲滅《ぼくめつ》をめざす選挙粛正《しゅくせい》運動の先頭に立つようになった。このように投票権のない者でも、じつは選挙違反防止という形で選挙に参加し、それなりの政治的意思を表明していたのである。

投票の価値の高まり

国民が自らの将来を自らの手で決定していくという民主主義政治は、考えうる最良の方法であり、そしてその民主主義は良心に基づく個人の清き一票の堆積によって維持されるべきである。このことを否定する人は、現在ではそれほど多くないだろう。とくに現時点の日本では、この意味での投票の重要性は非常に高まってきている。

ひるがえって、明治二十二年（一八八九）に発布された大日本帝国憲法《だいにほんていこくけんぽう》によって衆議院の設置が明文化され、翌年に第一回衆議院議員選挙（衆議院議員選挙を総選挙ともいう）が実施されて以来、確かに国民の意思は国政に反映されるようになった。しかし、そもそも大日本帝国憲法は立法府万能ではなく、簡単にいえば天皇（統治者）・内閣（輔弼《ほひつ》者）・議会（協賛者）の合意による政治運営を規定していた。そして、創設当初の衆議院は自ら主体的に政治運営を行なうことはなく、その影響力はせいぜい内閣（藩閥政府《はんばつせいふ》）に対する不同意、すなわち拒否権を発動する程度にとどまっていた。

明治後期・大正を経て、昭和初期になってやっと二大政党による政権交代という政党内閣制が行なわれ、衆議院は政治舞台の中心に躍り出た。しかも、昭和三年（一九二八）の第十六回総選挙からは男子のみだが普通選挙（普選）も実施された。しかし、これで国民が主体の政治が実現したと手放しで喜ぶ者はいなかった。多くの論者は、政治の主役は有権者から買収によって票を得た二大政党自身であり、国民は二大政党の道具、服従者でしかないと論じていた。

第二次世界大戦が終わって新たに制定された日本国憲法《にほんこくけんぽう》は、確かに国民主権を謳《うた》いあげ民意に基づく政治を保障し、選挙制度においても女子参政権を認めた。しかし現実には、東西冷戦という国際環境に規定され、選挙は地方のそれも含め、保守か革新かという、極端に選択の余地の少ない二者択一の争いとなることが多かった。さらにいえば、首相が事実上自民党内の派閥力学で決定されてしまうことは、国民が国家の最高権力者を自らの手で選びえないということも意味した。

以上のように、国民の一票の価値は少しずつは増大してきたが、細やかなしかし重要な国民の意思は、いまだ直接的十分に国政に反映されているとはいいがたい状況であったことも確かであった。

しかし、冷戦が終わり、選挙制度も小選挙区比例代表並立制が採用され、通算で四十四回の衆議院議員選挙を数える現在では、事情が大きく異なってきている。平成五年（一九九三）自民党政権がとりあえず一度は崩れ、それまで一党支配に馴れてきた国民の政党間政権交代に対する拒絶反応は減少し、政治争点も抽象的イデオロギーから国民生活に密着する現実的なものへと変化し、政党・候補者は小選挙区での熾烈《しれつ》な一対一の競争に勝ち抜くため、必死に民意を汲み取ろうと努めている。つまりわれわれの一票には、かつてないほどに大きな価値が付与されるようになってきたことになる。このような投票の価値の上昇は民主主義の充実、近代化の健全な進展を示す指標でもあり、有権者としてのわれわれもとりあえず喜ぶべきだろう。

「厳粛」な義務としての投票

ところで選挙とは、以上のような民意を政治に反映させるという意味での権利という側面と同時に、義務という面もあわせ持っているとしばしば説かれてきた。大日本帝国憲法の場合でいえば、

選挙権は憲法に拠《よ》りて天皇より附与せられたる至高至重の権利にして、之《これ》を享有するの幸福を得たる臣民は、何人よりも之を犯さる丶ことなきの特権を有するのみならず、

国家忠良の民としては何人にも之を犯さしめず、又之を汚さしめざるべきの義務を有す

と定められている。では、なぜそのような義務を負うかといえば、

選挙は立憲政治の基礎にして、国家隆替《りゅうたい》の因《よつ》て繋《つなが》る所、臣民安危《あんき》の因て分るゝ所、深く察せざる可《べ》からざるなり、……立憲国臣民が国政に関して発表する所の意見は、選挙なる一方法に依りて三百議員の口より発せらるゝものたるを知らば、選挙なるものは実に国家の一大事にして、極めて慎重に、極めて厳粛に之を行はざる可からざることを知るに足るべし

（岸清一『選挙弊害論』冨山房、一八九八年）

国家の安危に直結するのが選挙なのだから、国家社会の維持、発展に責任を持たなければならない公民（有権者）は、慎重、厳粛に義務を果たさなければならなかったのである。

日本国憲法の場合はどうか。憲法前文には「そもそも国政は、国民の厳粛《げんしゅく》な信託によるものであつて、その権威は国民に由来し、その権力は国民の代表者がこれを行使し、その福利は国民がこれを享受する。これは人類普遍の原理であり、この憲法は、かかる原理に基くものである」と謳い、さらに公職選挙法《こうしょくせんきょほう》第一条では「選挙が選挙人の自由に表明せる意思によつて公明且つ適正に行われることを確保し、もつて民主政治の健全な発達を期する」とあるように、やはり戦後の有権者も日本国のために「厳粛」「自由」「公明」

「適正」(「公正」)に投票する義務があるのである。

ではこの義務という点でも、投票の価値の増大と同様に発展し、近代化してきたといえるだろうか。

選挙違反の今昔

選挙(入札《いれふだ》)は近代以前からも行なわれてきた。川鍋定男氏によれば、寛文《かんぶん》十一年(一六七一)の甲州甲府の事例を嚆矢《こうし》とし、とくに近世中期ごろから村役人を村人の入札によって決める村が目立つようになるが、それは「村落構成員の増加を起因とした村社会の構造変化のなかで、村内の意見が対立して「全員一致」「満場一致」による村役人選出ができなくなってきた」ため、「多くの場合、村方騒動《むらかたそうどう》を契機にして入札へと変わった。その意味では、村方騒動＝訴訟をとおして村民が入札＝多数決制を獲得してきたものと理解できる」(「近世村落にもあった選挙とリコール」、青木美智雄編『争点日本の歴史　近世篇』新人物往来社、一九九一年)という。

そして、その際には贔屓《ひいき》や荷担《かたん》、邪心《じゃしん》などを捨て、あるいは他人と相談せず個人の判断に基づき神に誓って投票することが求められることもよくあった。江戸時代では投票に際し、近代以上の厳粛さが要求されたのである。

しかし氏は、さらに甲州郡内の事例を取り上げながら「近世後期になると、現実には相談札〔他人と相談して投票すること〕や買収札、饗応なども出現」するが、その原因は役職への渇望《かつぼう》であったという。もともとは村方騒動を抑止するための入札であったのが、ひどい場合には入札をめぐって村方騒動が起こるという逆転現象も生じたらしい。選挙違反は、選挙の成立とほとんど時を移さずに発生したもののようである。

「文明国としてはいささか恥ずかしい」

さて明治の世の中となり、選挙が西洋の制度として導入されるようになった近代ではどうだろうか。川鍋氏と同じく山梨県を対象として、大正期から現在にいたるまでの選挙の模様を民俗学的手法で分析したのが杉本仁・有泉貞夫「甲州選挙語彙《ごい》」である。ここには「厳粛」「公正」とは切り離された地縁・血縁や義理・人情など情実が、選挙界を支配してきた様子が活き活きと描かれており、しかもこの情実とやらは、現在に近づけば近づくほど複雑、巧妙、組織的になってくる。このことはもちろん山梨県に限ったことではない。太田忠久『むらの選挙』も昭和五十年（一九七五）ごろの岡山県の農村の実情を生々しいタッチでルポルタージュしている。

また、別の方法で選挙違反の実態を明らかにした優れた研究として、上山和雄『陣笠代議士の研究』がある。これは明治末から大正期にかけての神奈川県の代議士の選挙運動を定点観測したもので、当時の政治家が、地元で選挙違反も含めどのような政治・選挙活動をしていたのかがみごとに示されている。

以上からすれば、近代日本人の大部分が買収に手を染めていたのではないだろうかと思わざるをえない。

諸外国では、選挙違反の検挙される数は一般に極めて少ないようである。……たとえば、英国においてはかつては買収等の選挙違反が横行した時代があったといわれるが、腐敗行為防止法による取締りの結果、今やその跡を絶っているようである。しかし、逆に、後進国においては買収饗応が半公然と行なわれながら、警察当局による取締りが行なわれていないという話をきくこともある。ともあれ、わが国の選挙違反の実情は文明国としてはいささか恥ずかしいものであることには間違いない

（海治立憲「選挙違反の実態」『論争』五―三、一九六三年）

という指摘も、首肯できよう。

買収以外の選挙違反としては、教科書に登場する明治二十五年（一八九二）の品川弥二郎《しながわやじろう》内務大臣《ないむだいじん》（内相）による選挙干渉事件も有名であり、ここからわれわれは明治期の選挙が官憲の暴力に支配されていたかのような印象を持つことになる。

犯罪は社会を映す鏡？

これらのことを敷衍《ふえん》していけば、選挙制度・議会制度自体がまったく形式的で無意味なものであり、国民・市民・民衆と呼ばれる人々も西洋近代的制度を理解できない存在で、結局は権力に支配されるだけの対象でしかな

かったという解釈もあるいは可能かもしれない。しかし、この捉え方も本当だろうか。

確かに、これからみていくように、軽重はともかくとして選挙違反に関わった者が多数いたことは事実である。そして、その要因を日本の後進性と結びつけて理解することも簡単であろう。しかし、冒頭で見たように、買収された人間の数以上にそれを防ごうとする人間もいたのである。このことは、選挙違反がそう単純ではないことを意味している。

とすれば、「犯罪は社会を映す鏡である」という言葉もあるように、選挙違反を分析することによって、社会の歪《ゆが》みを摘出することが可能かもしれない。そもそも、西洋の制度を日本の伝統的社会のなかに埋め込んだのが選挙である以上、ある程度の歪みが出るのは当然であるが、それに多くの国民がそれぞれの立場から関わっていたとすれば、選挙違反は非常に重要な鏡なのかもしれない。われわれがすべきことは、それを単純に後進的、封建的と片づけてしまうのではなく、どのような歪みであったのかを追究することであると思われる。

本書の課題と方法

本書の課題もここにある。つまり、選挙というういわば理想的でオモテの制度を、選挙違反というウラ側から覗《のぞ》くことによって、近代社会の歪みの実態を浮き彫りにしようというのである。冒頭で紹介した青年たちも、あるいは実際に選挙違反を犯した人間たちの多くも、けっして無知であったり、唯々諾々するだけの従順な人間ではなく、彼らなりの理由を持って活動していたと思われる。われわれは、ウラ側からみることによって、はじめて彼らの意図を読み解くことができるのであり、それは近代日本のより深い理解にもつながると考える。

本書では、とりあえず対象を衆議院議員選挙に限定し、その違反者数の時期的、地域的差異に着目して、それぞれを比較検討することから選挙違反の持った意味を探っていこうと思う。これまでの研究成果においては、時間的な変化がわかりづらい、あるいは地域的な広がりの点でやや難点があるといった問題があったが、本書ではいささか荒っぽいが、違反内容（質）・違反者数（量）・空間・時間を軸に四次元的に飛び回ってみようというのである。そして最終的には、現在が将来における「厳粛」「公正」化、つまり近代化論的発展の過程の一段階なのか、それともそれは幻想であり、選挙違反が近代性に構造的に付随する欠陥を糊塗《こと》するものとして存在しつづけるのか、換言すれば、選挙違反の来《こ》し方を分析して現在を把握し、さらに行く末を考えてみたいのである。

＊　なお、本書では選挙違反をめぐる金銭贈与について、貨幣価値をイメージしやすくするため、生産者米価を基準に、現在に換算した金額をカッコ内に示した。

選挙の理想と現実

日本のなかの選挙

日本史における選挙

そもそも選挙とは「或る地位に就《つ》くべき人を多数人の集合意思に依つて定める行為」（美濃部達吉『選挙罰則の研究』良書普及会、一九三七年）と定義される。この場合の「多数人」＝有権者は不特定多数を意味するのではなく、その共同体の構成員の全部ないし一部ということになる。もちろん、個々人を見れば十人十色、百人百様、千差万別だが、基本的には共同体構成員がその共同体の利益の維持・発展に相応《ふさわ》しい人物を多数決で選び出すことが目的となる。

ところで「或る地位に就くべき人」を定める方法としては、一般に個人独裁（国王の恣《し》意《い》的任命など）・統裁合議《とうさいごうぎ》（統裁者と下の者が合議し、最終的には下の意向を汲んで統裁者が決断する）・合議（ここではコンセンサスという意味で使用し、複数の人間が集まって話し合い合意すること）・多数決などがあるといわれるが、日本の歴史では統裁合議と合議が広く用いられてきたという。しかし、多数決選挙もなかったわけではない。

天平《てんぴょう》三年（七三一）に太政官《だいじょうかん》の構成員を決めるために選挙が行なわれ、藤原宇合《ふじわらのうまかい》と麻呂《まろ》が当選した。これが日本における最初の選挙であったらしい。さらに、平安時代には原始仏教教団などの影響を受け、東大寺《とうだいじ》など寺院では広く選挙が実施されており（利光三津夫・森征一・曽根泰教『満場一致と多数決』日経新書、一九八〇年）、その伝統を受けた中世の寺院でも「各自の利害」や「世俗的な肉親関係、あるいは師弟の関係においてもひたすら寺家を先とし、公平無私、寺家・門の興隆を専念」する形で集会＝「一味和合《いちみわごう》」が行なわれ、そこでは「集会のおちいる紛争を極度に警戒しながら、しかも自由にして活発な評議」が展開され、そして最終的には多数決による投票もしばしば行なわれていたという（清田義英『中世寺院の知恵』敬文堂、一九九八年）。近世村落でも同じような形で名主《なぬし》選挙が行なわれていたことは、前述の通りである。

合議と多数決

この一見、本質的な差があるように思われる合議と多数決だが、いったいどのような関係にあるのだろうか。まず多数決であるが、それが対立を前提としていることは間違いない。

欧米における政党の発生については、社会的亀裂（宗教・人種・言語・階級・地域などの差違によって社会のなかに生じる対立）の存在によって説明されることが多いように、多数決選挙という方法は、まず対立・亀裂の存在から始まる。しかし、多数決選挙とは本来そのような対立を克服し、全体にとっての説得的な結論を導き出すための方法である。では、なぜ多数というだけでそれが「全体にとっての説得的な結論」になるのだろうか。

日本の場合に即していえば、すでに見たように有権者が神に誓い邪心（私的利害）を捨て公平な意識の下で投票した結果は神意と同じであり、絶対に従わなければならないものであったからである。つまり、対立から出発して統一にいたり、それによって社会的安定や連帯を維持するのが多数決的方法といえよう。

他方、合議はどうかといえば、こちらははじめから「全体にとっての説得的な結論」が存在することを前提に話し合いが持たれるわけであるが、ではその結論が本当に全員が納得したものかといえば、決してそうではない。前掲の利光三津夫他『満場一致と多数決』によれば、実は自分の利害からすれば反対なのだが、共同体の維持という観点（つまりその他の問題では他との協調が自分に利益になるから）や、あるいは長期的な視点（つぎには自分の利益を実現してもらう）から、やむなく結論に賛成するというケースが紹介されている。とすれば、その時点での統一を優先し、対立を先送りするのが合議ということになる。

以上から合議と多数決を考えれば、対立を包含しながらも統一を得ようという点では、それほど重大な差異はないようである。だからこそ、前述のように、多数決選挙も日本史のなかでそれなりの市民権を得てきたのだろう。そして、このような前近代の土壌は、当然のことながら、近代日本に影響を与えているようである。簡単にいえば、近代における候補者選定から投票にいたるまでの一連の選挙の過程は、合議と多数決の組み合わせによって行なわれるが、それはまったく見ず知らずのものではなく、西洋の制度である選挙を自らの経験を基礎として解釈したうえで実行されたと考えられる。

選挙違反を嫌うこころ

前近代の土壌は、まず選挙違反に対する強い嫌悪感として姿を現す。明治三十一年（一八九八）、岸清一《きしせいいち》なる人物によって『選挙弊害論』という書物が刊行された。これは選挙違反について日本で最初に体系的に書かれたものである。

岸は慶応《けいおう》三年（一八六七）現在の島根県松江《まつえ》に生まれ、明治二十二年（一八八九）帝国大学法科大学（現東京大学法学部）を卒業、この本を書いた時は三十一歳の新進気鋭弁護士であった。ちなみに、彼はこののち日本弁護士会会長、大日本体育協会会長となり、現在も東京・渋谷の岸記念体育会館としてその名を遺している。

さて、その内容は簡単にいえば、あらゆる種類の選挙犯罪が紹介されており、なかにはいまだ日本には登場していないものも含まれている。さらに彼は、たとえば「選挙の純潔を害する所為は分つて二種とす。賄賂《わいろ》及び供応之《これ》なり。此の二種の醜行《しゅうこう》は全国到《いた》る処に蔓延《まんえん》せる害毒にして、議員候補者が主として其の選挙費用を要するは、皆此の二種の醜行の資に供するなり」と腐敗がすでにかなり進行していることを告発し、「公正」の徹底を期すため、現在でいうところの公営化に近い方法を主張している。

この後も、常に選挙浄化、腐敗防止の動きは存在していた。日露戦後《にちろせんご》期では「理想選挙」が叫ばれ、大正期には後藤新平《ごとうしんぺい》を中心に「政治の倫理化」運動が起こり、昭和前期には選挙犯罪の撲滅をめざす選挙粛正《しゅくせい》運動が全国民を動員して実施され、太平洋戦争下の翼賛《よくさん》選挙へとつながっていった。そして戦後も「公明選挙」「明るい選挙」をスローガンとする運動が推進され、平成六年（一九九四）の選挙法改正も腐敗防止が重要な動機のひとつとなっていた。

このような理想を求める根強い運動が、前述のように、選挙という私心を捨てた神聖な行為によって、社会の安定、連帯を守るという前近代からの意識に基づいていることは確実だろう。しかも、一村、一寺院が対象であった前近代と異なり、近代ではそれを国家全体に押し広げようとした。そして、この意識に支えられて、現在では世界でも希有《けう》なほどに高度な公営選挙が実現したといえる。

しかし、このこととは裏腹に、あるいはそうであったからこそ、前述のように知識人の多くは日本では選挙違反が多いと認識していた。しかも、その理由としてしばしばあげられる要因は、政治的覚醒の遅れ、封建的、因習的、恩義、贈答習慣などなど、日本人の特性あるいは未開さに基づく義理論であり、他人から受けた恩義を投票で返す、投票したのだから報酬を受けるのは当然という、遅れた考えに基づいているといわれてきた。つまり、前近代の土壌は、選挙違反の多さという点でも継承されているということになる。確かに、これらの解釈を否定することはできないだろう。

理想と現実のギャップ

とすれば、近代日本は選挙制度も、選挙違反を嫌う心も、そして選挙違反が多いという事実も前近代の土壌から受け継いだということになる。しかし、これが一面的な見方であることも確かであろう。戦後の選挙違反者の多くは「日ごろはいわば善良な市民として法秩序を守り、平穏な社会生活、家庭生活を行っている」近代人たちである（吉田淳一「選挙運動の実態」『法律のひろば』二一―六、一九六八年）。戦前の制限選挙の時代の違反者の多くだって、むしろ封建的悪慣行を排除して西洋文明を農民たちに教えようと務めていたインテリ文明人であり、多少の買収などでは節を曲げる必要のない資産家たちであった。本書冒頭でみた農村の青年たちもこのことは理解していた。そんな彼らが前近代の土壌をそのまま引き継ぐとは考えられない。したがって、われわれは前近代、近代を通して一見継続しているかに見える選挙違反の内実を改めて考える必要があろう。それは、単なる外見的変化とは異なる真の意味での近代という時代を考えることでもあると思われる。

では、選挙違反が実際どのようにして起きていたのだろうか。しかし、それを見る前にもう少し予備的な知識を蓄えておこう。

何をしたら選挙違反か

「純潔」「自由」「真正」

第一回衆議院議員選挙から現在にいたるまで、いったいどのような行為が選挙違反だったのか、簡単に説明しておきたい。衆議院議員選挙は明治二十二年（一八八九）二月十一日、大日本帝国憲法と同日に公布された衆議院議員選挙法に則って施行された。同法は、選挙区画・選挙人（有権者）資格・選挙人名簿作成・選挙期日場所・投票管理・開票手続き・当選手続き・当選訴訟・任期及び補欠選挙等を規定し、最後に罰則の対象となる行為（同法第八十九〜九十八条）を列挙している。

そこにあるのは、有権者資格の詐称《さしょう》、金銭物品職務の提供、暴力およびその教唆《きょうさ》、凶器携帯による投票所入場であり、当選人がこれらの刑に処せられた場合のみ当選が無効となり、六ヵ月ですべてが時効となるというものであった。なお、集会及政社法や治安警察法などもさまざまな政治活動を規制しており、それらにも選挙に関わるものがあるが、ここでは省略する。

さて、ヨーロッパの学説を踏まえ、衆議院議員選挙法の条文を解説したのが、前掲の岸清一『選挙弊害論』であった。岸は「選挙の鞏固《きようこ》と選挙権の完全の享有《きようゆう》」のための三要素として「選挙の純潔」「選挙の自由」「選挙の真正」をあげ、これらを犯す行為が選挙違反であるとしている。「選挙の純潔」を犯すとは、選挙権という特権を与えられ国家に責任を持たなければならない有権者は「義務の大且つ重きを察し、宜《よろし》く斎戒沐浴《さいかいもくよく》恐惶厳粛《きようこうげんしゆく》以て此の特権を行ふの覚悟」がなければならないにもかかわらず「自己の良心に反し至重の特権を売りて自己の私利を計る」ような行為をした場合、具体的には賄賂《わいろ》（金銭物品授受）・饗応《きようおう》（飲食物提供）がこれに該当する。「選挙の自由」に対する犯罪とは「強《しい》て選挙人の本意に反して投票せしむる」行為であり、つぎのものが該当する。

・職権乱用　「官吏《かんり》又は公吏が其の権威を仮りて、人民に不便煩労《はんろう》を与へ、又は其の職権を枉《ま》げて為《な》すべきことを為さず、若《も》しくは為すべからざることを為し、又は他人をして為すべきことを為さしめず、若くは為すべからざることを為さしむる等の所為」などで、いわゆる官憲による選挙干渉が典型である。

・勢力乱用　「身分、地位、官職職業其の他一切社交上尊卑《そんぴ》上下の関係より生ずる勢力を用ゐ、公然若くは陰然選挙人又は其の家族親戚朋友《ほうゆう》等に迫り、之をして其の本意を枉げ若くは枉ぐる様説得せしむる所為」で、官吏のみならず名望家《めいぼうか》、旧藩主、僧侶、教員など社会的指導者が行なう。

・脅迫　「選挙人又は其の家族親戚朋友等に精神上の苦痛、若くは財産活路生命身体上の損害損失煩悶《はんもん》心労等を与へ、其の意に従はしめ、又は従はしむ様尽力せしむるの所為」で、賄賂・饗応で効果がなかった場合に多く現れる。カネ・商品の取引停止や「村八分《むらはちぶ》」などが該当する。

・暴力　脅迫行為が発展して「腕力暴力を以て選挙権を妨害する所為」で、選挙人個人の身体財産に危害を加える「暴行」と、多数集合し投票所で騒擾《そうじょう》を起こしたり投票箱を奪ったりする「暴働」があるという。壮士《そうし》（「多くは学業成らざる書生なり、……一枚の毒舌と一本の仕込杖《しこみづえ》とを資本とし、政論者《せいろんしゃ》流《りゅう》の門戸に寄食して其の生を送る者」）や、通常は労働に従事するが、選挙時に候補者から日給で雇われた者（「垢衣蓬髪《くえほうはつ》の人、数十隊を成し、手に棍棒《こんぼう》竹木を携へ酒気紛々咆哮《ほうこう》の声を発し東走西奔《とうそうせいほん》」）、博徒《ばくと》（「平日諸方を徘徊《はいかい》し恐喝詐欺《きょうかつさぎ》を以て良民を苦しめ……陰然社会の裏面に横行する者」）、「撃剣家《げきけんか》」・「柔術家《じゅうじゅつか》」・「力士」などが該当するという。

・詐術《さじゅつ》　「詐欺手段に依り、選挙人をして投票を為すことを得ざらしむる所為」で、たとえば虚偽の噂を流し投票所に行かせなかったり、酒を飲ませて昏酔《こんすい》させることをいう。

「選挙の真正」を犯す行為とは、選挙権がないにもかかわらず投票しようとする行為や、投票行為そのものに不正がある場合をいい、資格がないのに選挙人名簿に記載されようとすること、他人の氏名を詐称すること、投票用紙を偽造することなどが該当する。

普通選挙法での運動制限

以上であるが、おそらく多くの方はこれだけなのかと思われるだろう。これだけなのである。当時は選挙ポスター、立会演説会、選挙費用制限などに関する規定はまったくなかった。さらにいえば、立候補制度もなかった。したがって、特定候補者が限定された運動方法、法定限度額内の選挙費用によって当落を争う現代選挙とはまるで異質なものであった。

このように、買収・暴力・職権乱用・文書偽造など、選挙であろうがなかろうが犯罪となるものを不正行為（あるいは実質犯）といい、これから述べる戸別訪問や選挙ポスター貼り付けなど、それ自体では不正ではないが、選挙においては公平さを欠くという観点から違反とされる行為を不法行為（形式犯）といっている。現在のわれわれが慣れ親しんでいる選挙違反とは、この両方を含めたものであるが、後者が登場するのは普通選挙を規定した大正十四年（一九二五）五月五日の改正衆議院議員選挙法（普選法）からであった。

普選法には新たに「選挙運動」「選挙運動の費用」という二つの章が設けられ、

・選挙事務長を置くこと　責任を明確にするため、選挙事務長のみが選挙委員、選挙運動員（活動実費の他に報酬も得られた）を選任し、選挙事務所を設置することができ、また選挙費用を支出できるのも選挙事務長のみ

・選挙委員・選挙運動員の制限　基本的に五十人以内

・選挙事務所数の制限　原則的に七ヵ所以内とされ、休憩所など類似施設は禁止

・第三者の運動制限　事務長・運動委員・運動員以外の第三者の選挙運動は、応援演説と推薦状の発送以外は禁止

・文書図画《ずが》（ビラ・ポスター）の制限　内務大臣は文書図画の頒布掲示に制限を設けることができた

・選挙費用の制限　選挙区内の有権者数を定員で割り、それに四十銭をかけた金額が上限

・連座規定　選挙事務長が犯罪を犯した場合、当選は無効

などが規定された。この他に通常郵便物を有権者一人につき一通を無料で発送したり、小学校を演説など選挙運動で使用できるという、いわゆる選挙公営化の規定も登場した。

この新たな規定はイギリスをモデルにしたものであった。長い選挙の歴史を持つイギリ

スでも早い段階から買収行為が行なわれていたため、一六九六年に供応禁止法を制定し、買収を不正行為と規定して取り締まりの対象とした。以後もたびたび買収を禁止する法律が定められ、それらは一八五四年に腐敗行為防止法として集大成された。つまり、ここまでは前述でいうところの不正行為のみが対象であった。

しかし一八八三年には、選挙費用に関する制限やポスターに関する制限など不法行為をも盛り込んだ腐敗違法行為防止法も制定された（森口繁治『選挙制度論』日本評論社、一九三一年。前田英昭「英国・腐敗違法行為防止法その一」『政治学論集』三七、一九九三年）。さらに一九一八年、国民代表法によって集会のための小学校利用、郵便物の一回限りの無料配布など公営化が定められた。

画一化・公営化への道

イギリスではこのような段階を経たのであったが、日本の普選法は一挙に二段階アップしたことになる。それだけではない。日本独自の戸別訪問禁止に加え、その後の改正はイギリス以上に厳しい制限を設けるものであった。

たとえば文書図画であるが、昭和三年（一九二八）第一回の普通選挙（第十六回総選挙）では制限が緩やかであったため大量で派手なポスター戦術が横行したことをうけて、第二回（昭和五年）以降はどんどんと厳しくなり、候補者名・党派のみを記した白黒ポスターが制限枚数内でのみ可能というような状態になっていく（玉井清「第一回普選における選挙ポスター導入過程」、寺崎修・玉井清編『戦前日本の政治と市民意識』慶應大学出版会、二〇〇五年）。とくに、選挙粛正運動の直接の契機となった昭和九年六月二十三日の改正衆議院議員選挙法では、

・事前運動の全面的禁止　従来は演説または推薦状発送のみは許されていた
・選挙委員の制限　選挙運動員制度が廃止され、選挙委員も二十名に限定された
・選挙事務所数の制限　原則的に一ヵ所となった
・選挙費用の制限　九千円程度に低減された
・連座規定の強化　選挙事務長のみならず、事実上の総括主宰者が犯罪を犯した場合も当選は無効とされた
・選挙公報の発行　一人一枚三千字以内で政見を記した選挙公報を国が無料で配布する

など運動の制限、公営化、厳罰化が進んだ（杣正夫『日本選挙制度史』九州大学出版会、一九八六年）。このような措置に対し、選挙違反撲滅に闘志を燃やしていた美濃部《みのべ》達吉《たつきち》でさえもつぎのように述べている。

> 大正十五年（一九二六）の普通選挙の施行に至るまでは、それ等の規定は、他の諸国に於ける同じ

種類の規定と、著しく異なつたものではなかつたが、同年の所謂普選法の制定と共に、世界の何れの国にも類を見ない程の峻厳《しゅんげん》なものとなり、更に昭和九年（一九三四）の改正に依り、厳罰主義が一層徹底せらるるに至つた。私は此《かく》の如き煩瑣《はんさ》な定めが果して適当な立法と謂《い》ひ得るや否やに付き、大なる疑を抱いて居り、それは選挙の弊害を矯正《きょうせい》することとの目的を超越して、却《かえ》つて国民をして選挙に対する関心を失はしむるの患《うれい》あるものではなからうかを恐るるものである

（『選挙罰則の研究』）

戦後の諸規制

第二次世界大戦後、占領軍は民主化、自由化の方針を打ち出すが、選挙もももちろん例外ではなかった。昭和二十五年（一九五〇）四月、衆議院議員選挙をも律する公職選挙法《こうしょくせんきょほう》が公布され、現在にいたるまでの選挙運動を規定することになるが、当初のものには選挙事務所を二ヵ所に増加、戸別訪問禁止の緩和（候補者が密接な関係にある親戚知己《ちき》を訪問することが許された）、はがき・ポスター枚数の増加（ポスターは従来の二〜三倍程度）、新聞雑誌の特定候補支持の自由、政見放送の許可、選挙費用の制限緩和（従来の二倍程度）、など自由化の方向がとられた。同時に公営化も進められ、公営立会演説会の開催、新聞広告の国庫負担、一定の範囲内での交通機関の無料利用、などが盛られた。

しかしこの後、自由化と公営化は逆の取扱いを受けることになる。細かい点は省略する

が、戸別訪問が全面禁止（昭和二十七年）となり、その他、演説会、連呼、自動車・船舶・拡声機、文書図画、新聞雑誌の選挙報道などの面で規制が強化され、運動は画一化の方向に向かう。さらにいえば、イギリス的規制ばかりではなく、占領軍の母国アメリカ流の政治資金面からの規制も政治資金規正法として設けられた。

他方で、公営化は、無料はがき、新聞広告、政見放送、立会演説会、選挙公報、ポスター掲示場の設置（昭和三十七年）、テレビによる政見放送（昭和四十四年）などが実現していった。このような規制強化という動きは、必ずしも単線的なものではなかったが、大体においては、つぎの前田英昭氏の文章がこのことをよく言い表している。

現在、有権者の登録に要する費用の地方自治体による負担、郵便の無料化、公営集会場の無料化、放送の無料化が行われている。

我が国でも大正一四年に公営制度を導入した。無料郵便物の配達、公立学校等の公共施設を演説のために開放することから始まり、今では世界一に突出した。選挙公報の配布、ポスター掲示板の設置、選挙運動用自動車の提供、ポスターの制作、選挙用はがきの提供、新聞広告の機会の提供、個人演説会の施設の無料使用、交通機関の無料使用など、今なお選挙公営拡大の声を聞くが、拡大に反比例して選挙の自由が制限されてきたこと、及び、その充実にかかわらず、選挙費用は依然として膨張の一途を辿《たど》っており、公営による選挙費用の縮小効果が現実に発揮されていないことは見逃せない。（「カネと選挙　欧米と日本」『世界』五三八、一九九〇年）

テレビニュースで外国の選挙風景が報道される時、その派手さ、自由さに驚かされ、ついつい選挙違反で摘発されないだろうかと余計な心配をしてしまうが、それはわれわれがいつの間にか「世界一に突出」してしまったからなのだろう。

現在の選挙違反

ここで参考のために現在の運動規制について簡単に紹介しておこう。

・事前運動　選挙運動期間は告示日から投票日前日まで（衆議院議員選挙の場合は十二日間）、それ以前の運動は事前運動とみなされ違反となる。ただし、政党に公認を求めたり、候補者推薦会などの立候補準備のための活動、選挙費用調達などの選挙運動準備のための活動、地盤培養・政策普及宣伝などの政治活動、選挙運動にわたらない個人後援会活動、通常の範囲での社交的行為などは許される。

・文書図画　決められた枚数のうちで、通常の葉書とビラを選挙人に頒布することができる。ポスターは基本的に公営ポスター掲示場に限る。新聞広告も決められた回数内であれば掲載できる。

・言論　テレビ・ラジオで政見・経歴放送ができる。公営施設を利用して個人演説会を開催できる。また、一定の手続きを踏めば街頭演説もできる。演説会場・選挙運動用自動車上ならば連呼行為もできる。

・第三者の運動　電話、あるいは路上で出会った際の投票依頼はできる。ただし、選挙管理委員会などの特定公務員、未成年、選挙事務公職関係者、教育者らは選挙運動ができない。

・禁止事項　買収、戸別訪問、特定の人物に投票することを目的とする署名活動、飲食物の提供（ただし湯茶や菓子、運動員・労務提供者への一定数内の弁当は可）、自動車を連ねたり隊伍を組んで気勢を上げる行為、決められた選挙費用を上回る額の支出などは禁止されている。

・公費負担（公営）するもの　すでに述べたようなものの他に、選挙運動を行なう際にはかならず表示しなければならない選挙事務所標札・自動車船舶表示板・拡声器表示板・自動車船舶乗車船用腕章・街頭演説用標旗・街頭演説用腕章・個人演説会用立て札（「選挙の七つ道具」）も無料で交付される。

連座制にもふれておこう。すでにみたように、連座制は普選法から導入されていたが、戦後では昭和三十二年（一九五七）に適用されて以後、ずっと該当者がいなかった。そこで、平成六年の公職選挙法改正で統括主宰者・出納責任者・地域主宰者などが違反を犯して罰金刑以上の刑になった場合、および親族・秘書らが禁固以上の刑になった場合は当選を無効にするとともに、以後五年間立候補が禁じられることになった。その結果、平成十七年までに合計六名の当選者に適用されている。

「公明且つ適正」に

前述したように、すでに明治期でも岸清一は健全な選挙の条件として、「選挙の純潔」「選挙の自由」「選挙の真正」の三つをあげていた。このうち、「純潔」を「厳粛」と言い換えることができるとすれば、岸のいう「選挙の純潔」「選挙の自由」という考え方は「そもそも国政は、国民の厳粛な信託によるもの」（日本国憲法前文）、「選挙が選挙人の自由に表明せる意思によつて公明且つ適正に行われることを確保し」（公職選挙法第一条）とあるように、戦後にもそして現在にも継承されていることになる。

しかし、先にみたように「選挙の純潔」「選挙の自由」の実現に対し、従来はともすれば悲観的、懐疑的にみられてきた。おそらくこのような見方が強かったからこそ、制度としての「公明且つ適正」に大きな期待がかかり、大正十四年（一九二五）から昭和の戦争を挟んで現在にいたるまで、これが追求されてきたように思われる。

この「公明且つ適正」という用語であるが、まず「公明」とは曲がったり隠したりしないというのが本来の意味で、選挙に即していえば衆人環視の下で誰しもがそれとわかる運動を行なうことであり、規制の強化による画一化につながろう。また「適正」とは行政による運動の機会均等化、すなわち公営化を意味しているようである。昭和戦前期から、貧富の差によって選挙運動に差が生じては公平性を欠くという考え方が強く、戦後でも革新系のみならず保守系の代議士からも広く支持されてきた。こうして「公明且つ適正」という選挙の目標は、規制の強化、運動の画一化、国営化と理解され、推進されてきたのであった。

もっとも、昭和三十六年（一九六一）十一月二十七日に創価学会《そうかがっかい》を母体とした公明政治連盟《こうめいせいじれんめい》が組織され、さらに昭和三十九年十一月十七日に公明党が結成されたため誤解される可能性が生じ、用語としての「公明」は使われなくなり、「明るく正しい選挙」「明るい選挙」というスローガンが登場することになる。

違反者数の推移

対称な二つの山

まず、選挙違反者数の増減を全時代を通して眺めてみよう。違反者数は法律の規定、有権者数によって違うだろうし、取り締まる側の能力、寛厳によっても左右されるだろう。しかし、とりあえずは選挙違反というものの推移を測るひとつの目安とはなると思われる。表1「衆議院議員選挙違反者数」がそれであり、便宜のためこれをグラフ化したのが図2である。

元データに少し説明を加えると、第一～十八回衆議院議員選挙までは司《し》法《ほう》省《しょう》刑《けい》事《じ》局《きょく》がまとめたもので、検挙され起訴された人数である。第十九・二十回は内《ない》務《む》省《しょう》警《けい》保《ほ》局《きょく》がまとめたもので、これも検挙され起訴された人数である。しかし、戦前最後の第二十一回翼賛選挙は同じ警保局がまとめたものだが、不起訴者も含んでいる。他の総選挙では起訴率

35　違反者数の推移

表1　衆議院議員選挙違反者数

選挙回	施行日	人数	選挙回	施行日	人数
第1回	M23.7.1	286	第23回	S22. 4.25	1469
第2回	M25.2.25	323	第24回	S24. 1.23	7732
第3回	M27.3.1	1153	第25回	S27.10.1	48517
第4回	M27.9.1		第26回	S28. 4.19	12901
第5回	M31.3.15	1029	第27回	S30. 2.27	20679
第6回	M31.8.10		第28回	S33. 5.22	20715
第7回	M35.8.10	1861	第29回	S35.11.20	32768
第8回	M36.3.1	1998	第30回	S38.11.21	34865
第9回	M37.3.1	284	第31回	S42. 1.29	18247
第10回	M41.5.15	1921	第32回	S44.12.27	14766
第11回	M45.5.15	3950	第33回	S47.12.10	15906
第12回	T4.3.25	8332	第34回	S51.12.5	11212
第13回	T6.4.20	23377	第35回	S54.10.7	14412
第14回	T9.5.10	5406	第36回	S55. 6.22	8373
第15回	T13.5.10	13832	第37回	S58.12.18	8168
第16回	S3.2.20	10401	第38回	S61. 7.6	11176
第17回	S5.2.20	18010	第39回	H2. 2.18	7623
第18回	S7.2.20	6842	第40回	H5. 7.18	5835
第19回	S11.2.20	12103	第41回	H8.10.20	1713
第20回	S12.4.30	4800	第42回	H12. 6.25	1375
第21回	S17.4.30	4111	第43回	H15.11.9	790
第22回	S21.4.10	4445	第44回	H17. 9.11	579

第1～18回：選挙制度調査会「衆議院議員選挙事犯調査表」昭和7年8月15日司法省刑事局，国立公文書館「選挙制度調査会」資料．

第19·20回：内務省警保局「既往に於ける衆議院議員選挙及府県会議員選挙選挙犯罪調」昭和17年3月，粟屋『昭和の政党』．

第21回：内務省警保局警務課「衆議院議員選挙犯罪調」昭和17年6月10日，吉見・横関編『翼賛選挙2』．

第22·23回：谷地中忠次「衆議院議員総選挙における違反取締り状況について」(『選挙』26-4，1973年)．

第24～43回：警察庁『犯罪統計書』各年次版．

第44回：高橋喜知弥「第44回衆議院議員総選挙における違反取締り結果について」(『選挙』59-2，2006年)．

図２　衆議院議員選挙違反者数

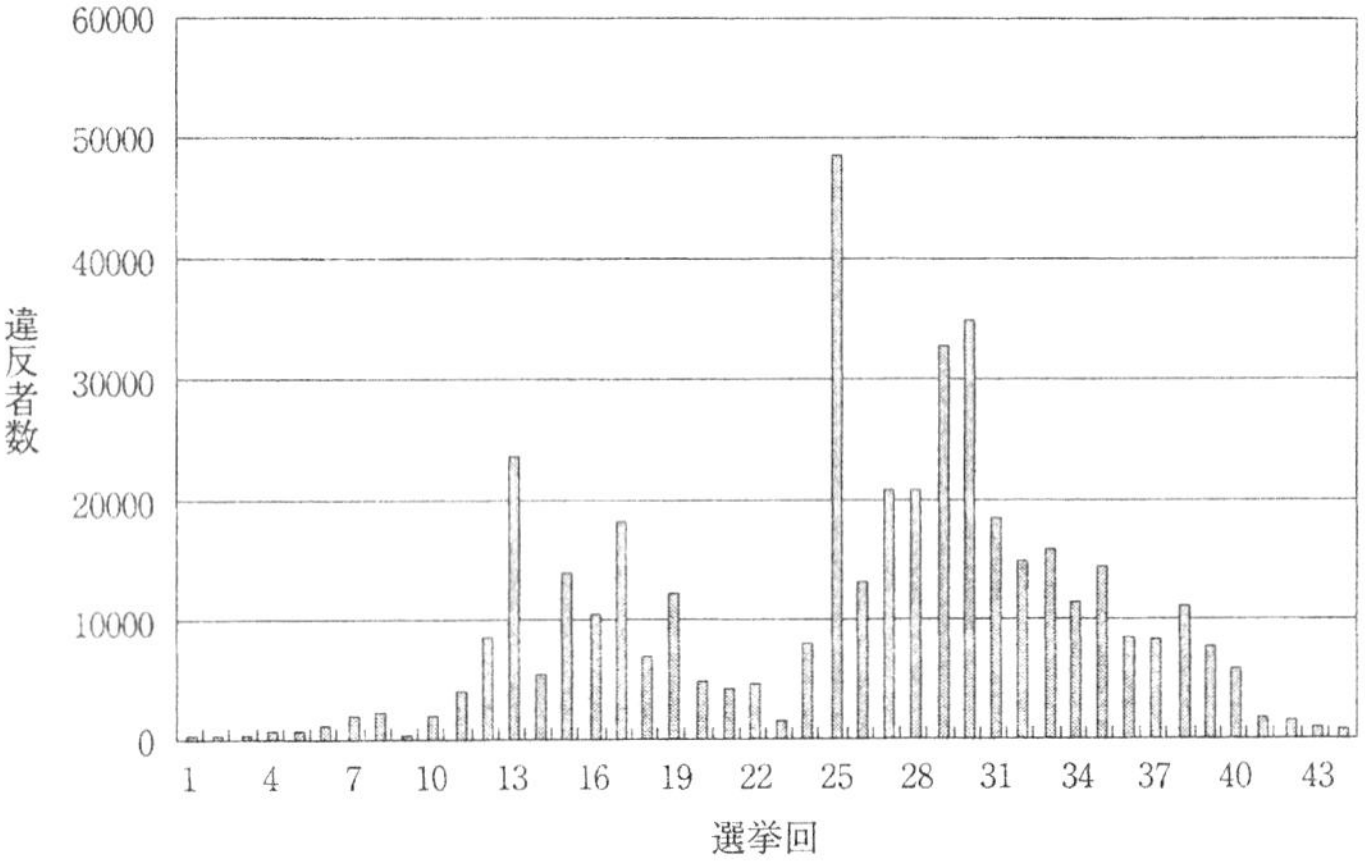

がおおむね五～六割なので、この数字は割り引いて考える必要がある。

　選挙に関する取り締まりを行なう部局は時期によっても異なるが、戦前では警察の総本山である内務省警保局であり、そこから全国各府県の警察部長たちに指示が発せられた。そして、警察部長の下には高等警察課が設けられ、政治状況調査や政治犯罪摘発にあたった。また、摘発方針に関しては当然検察もこれに関与した。ただし、明治期では藩閥勢力側の密偵の感のあった高等警察だが、昭和初期の政党内閣時代になると逆にその政党化が進み、その政治的偏向性に対する批判から昭和十年（一九三五）には廃止された。

　戦後のデータは、多少それぞれ出典は異なるが、すべて警察庁が各年ごとにまとめて公表した数字に基づいており、選挙後九十日を経過した時点での検挙者数である。おそらく、以上が現在では最も連続しかつ信頼しうる数字であろう。戦後の取り締まり部局は、広域的で重要な事件は警察庁刑事局捜査第二課（知能犯担当）、地域的には各都道府県警察刑事部捜査第二課が担当し、これらが検察と連携して選挙違反の取り締まりにあたっている。なお、選挙管理委員会は選挙執行の管理を行なうのが仕事である。

さて、図2を見れば、高さにこそ差はあるが、真ん中の第二十三回ごろを挟んで二つの山がきれいに対称をなしていることがわかる。これに基づいて時期区分をすれば、つぎの六期に分けることができよう。

Ⅰ期　第一～九回（帝国議会開設～日露戦争）。非常に少ない。

Ⅱ期　第十～十七回（日露戦後～普通選挙実施・政党内閣）。第十三回だけは突出して多いが、その他はおおむね増加傾向にある。

Ⅲ期　第十八～二十三回（挙国一致内閣・選挙粛正運動・翼賛選挙～敗戦直後）。減少傾向にある。

Ⅳ期　第二十四～三十回（占領後期～安保闘争など保守・革新対立期）。第二十五回だけは突出して多いが、その他はおおむね増加傾向にある。

Ⅴ期　第三十一～四十回（佐藤栄作～宮沢喜一まで自民党内閣期）。減少傾向にある。

Ⅵ期　第四十一～四十四回（細川護煕内閣誕生・選挙法改正～）。非常に少ない。

以下、本書ではこの区分にしたがって論を進めていくことにするが、ここでは各期について簡単に概観する。

戦前期の趨勢

Ⅰ期（第一～九回、帝国議会開設～日露戦争）であるが、表2「衆議院議員選挙違反者調」は岸清一《きしせいいち》『選挙弊害論』の分類にしたがって犯罪事項別に集計したものである。ただし、基礎となるデータが異なっているため、その合計数は表1「衆議院議員選挙違反者数」とは違うので注意を願いたい。なお、ここであげられた犯罪事項についての説明は、次章に譲ることにする。

さてこの表2からⅠ期の特徴として、第一に、全体として違反者数は非常に少ないが、これは選挙規模が小さかったことに基因しているようである。たとえば、表1の違反者数をその当時の有権者数で割って作成した図3でみれば、〇・〇四～〇・二一%のあいだで推移しており、全時期を通してみればむしろ高い方に入る。したがって、実感としてはかなり多かったような印象を受けたであろう。また、買収行為が個人的なため、買収規模が小さかったことにもよる。

第二は、第一・二回では「選挙の真正」を犯す犯罪が、第三～五回では「選挙の自由」に反する犯罪が比較的多いということである。選挙人名簿の不実記載、氏名詐称《さしょう》、ある

図3　違反者数／有権者数

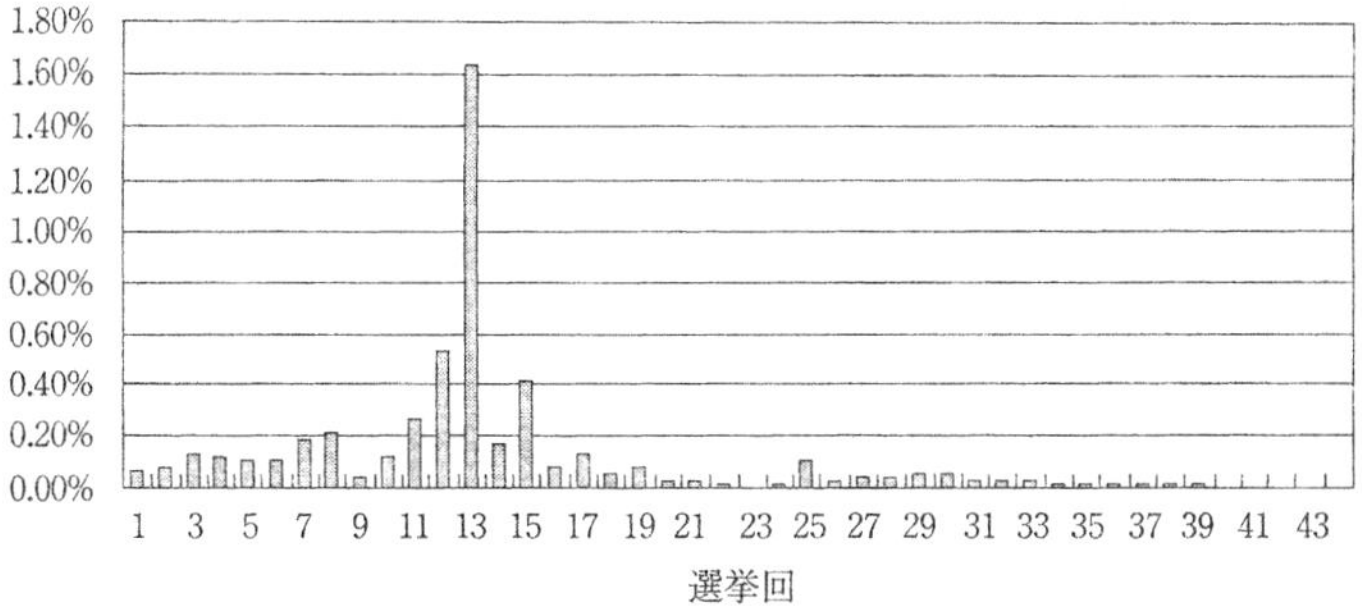

いは明らかな虚偽事実の公表など現在ではほとんど考えられない犯罪が初期の選挙では横行し、また暴力や多数が集合して引き起こす違反も随分と存在した。ただし、政府による選挙干渉で有名な第二回総選挙での暴力事件数は意外と少ない。この点は次章でみることにしたい。

第三は、逆に第六回以降は「選挙の純潔」に反する事項が増加し、以後大部分がこれに該当するようになる。そして、それをさらに区分してみれば、最も多いのは単純なカネによる投票依頼であるが、他の時代と比べると、物品や饗応《きょうおう》も多いようである。おそらく、前近代からの手土産や饗応という風習が行なわれていたからだろう。

Ⅱ期（第十〜十七回、日露戦後〜普選実施・政党内閣）について。この時期の違反事項に関する史料としては、表2「衆議院議員選挙違反者調」以外に二つあ

表２　衆議院議員選挙違反者調（第１～15回）

	金銭	物品	饗応	利害関係誘導	車馬旅費供与	借金弁済	公職供与	会社重役任命	次期選挙選出	選挙周旋勧誘	金銭供与周旋	第90条違反	以上小計（純潔）	
第１回	99	26	5								1	7	138	87%
第２回	40	55										2	97	77%
第３回	198	31	25									2	256	71%
第４回	108	81											189	83%
第５回	195	26	37										258	71%
第６回	258	14	36								2		310	91%
第７回	628	59	251	32	6			1	6	2	3		988	82%
第８回	305	16	67	14							2		404	87%
第９回	132	13	14	8							2		169	84%
第10回	1077	8	226	25	2								1338	94%
第11回	2808	60	424	37	5	1							3335	96%
第12回	5897	48	835	452			4				42		7278	98%
第13回	21247	129	1038	281		1	3				47		22746	98%
第14回	5013	11	146	96									5266	98%
第15回	12681	111	1069	123	47						1		14032	98%

	投票干渉	暴行脅迫	凶器携帯	多衆集合	投票箱開披	氏名認知	以上小計（自由）		無資格投票	氏名詐称	詐偽投票	虚偽事実公表	以上小計（真正）		その他	合　計
第１回							0	0%	6	1	1	8	16	10%	5	159
第２回		1	2				3	2%	1	3		20	24	19%	2	126
第３回	3	43	1	6			53	15%		14		7	21	6%	29	359
第４回	1	12	1				14	6%			1	6	7	3%	19	229
第５回		8	11				19	5%	1	5		7	13	4%	70	364
第６回			1				1	0%	1	3		1	5	1%	23	339
第７回			5				5	0%	9	1	9	4	23	2%	170	1202
第８回				1		1	2	0%	1	4		5	10	2%	51	467
第９回	1						1	0%		5	1	5	11	5%	21	202
第10回		1	1		4		6	0%	22	8	4	3	37	3%	46	1427
第11回		4				1	5	0%	3	7		12	22	1%	110	3472
第12回	7	3			2	15	27	0%	6	15		29	50	1%	82	7437
第13回	5				6	2	13	0%		9	1	15	25	0%	408	23198
第14回		80	8			3	91	2%		17		19	36	1%	0	5393
第15回	65	67	7	156		6	301	2%	1	41		34	76	1%	0	14363

慶應義塾大学三田メディアセンター編『慶應義塾図書館蔵　花井卓蔵文書』（雄松堂書店，1999年）．

る。ひとつは「明治三十五年より大正六年に至る衆議院議員選挙に於ける犯罪検挙表」(「小橋一太関係文書」国立国会図書館憲政資料室所蔵)、もうひとつは内務省警保局「既往《きおう》に於ける衆議院議員選挙及府県会議員選挙選挙犯罪調　昭和十七年三月」(「陸海軍関係文書」同前所蔵、粟屋憲太郎『昭和の政党』所収)である。このうち、ここでは後者を第二十一回総選挙(翼賛選挙)の分(「陸海軍関係文書」、吉見義明・横関至編『資料日本現代史五　翼賛選挙②』大月書店、一九八一年、ただし不起訴者を含む)とともに表3として掲げておいた。

これらから傾向を見れば、まず第一の特徴は何といっても違反者数が多いことだが、それは絶対数でも、有権者数との比でみても圧倒的に多いということである。とくに後者でいえば、第十三回選挙はなんと全有権者の一・六%が摘発されている計算になり異常事態といえよう。

第二は、第十～十四回についていえば、「選挙の純潔」に反する行為が圧倒的多数を占め、その大部分はカネに関するものであったことである。

第三に、大正十四年(一九二五)の普通選挙法(普選法)によって導入された戸別訪問などの形式犯が登場したことである。しかし、規制があまり強くなかったこともあって、この時期はそれほど多くはない。周知のようにこの時期は、政党が発展し政党内閣にいたる時代であり、政友会・民政党が政権を巡って激しく争っている時であった。簡単にいえ

（第16～21回）

選挙妨害	職務嫌怠職権乱用	小計（自由）		無届運動	戸別訪問個々面接	文書図画	小計（形式犯）		その他	合計
99	19	118	1%	1002	351	84	1437	14%	99	10401
89	7	96	1%	367	266	47	680	4%	110	18010
25		25	0%	121	175	31	327	5%	64	6842
39	2	41	0%	546	966	67	1579	13%	393	12103
29	5	34	1%	201	593	20	814	17%	199	4800
24	8	32	1%	476	579	139	1194	29%	520	4111

ば、代議士・政党の社会的地位が向上するにつれてカネも人も政党に集まり、そこに多くの選挙犯罪が生まれたのであった。政党は議員という地方名望家を介して郡や村という地域共同体に入り込み、買収も組織的に広く浅く行なわれたのであった。

Ⅲ期（第十八～二十三回、挙国一致内閣・選挙粛正運動・翼賛選挙～敗戦直後）について。戦後分については表4を参考にしていただきたい。ここでの特徴は、第一に違反者数が少ないことである。戦前の第十九・二十回は粛正選挙、第二十一回は翼賛選挙と非常に厳しい監視下で行なわれたこと、第二十二・二十三回はGHQが自由な選挙を望んだことから逆に取り締まる側が自粛したこと、がその一因と考えられる。

第二に、第十八～二十四回をみれば買収が激減し、無届け運動、戸別訪問、文書図画など形式犯の件数の比率が増加していることである。

表3　衆議院議員選挙違反者調

	買収利益誘導	ブローカー犯罪	小計（買収）	
第16回	8747		8747	84%
第17回	17124		17124	95%
第18回	6426		6426	94%
第19回	10002	88	10090	83%
第20回	3736	17	3753	78%
第21回	2556	10	2566	62%

買収金額の変遷

以上が戦前期であるが、Ⅰ～Ⅲ期を通じて買収が大部分を占めていることは明らかであろう。そこで、買収の金額について少し触れておく。戦前の選挙違反については平田奈良太郎『選挙犯罪の研究　特に買収犯罪に就て』が重要な情報を与えてくれる。司法省では、判検事たちによってなされた司法・犯罪に関する研究報告を定期的に刊行しており、同書も昭和九年（一九三四）七月に始まった司法研究第二部の第九回会同での報告書で、それを司法省調査課編『司法研究　第一九輯　報告書集八』として活字化し、部内に配布したものである。著者の平田は大阪区裁判所判事であった。

その内容は、「はしがき」に「各総選挙毎《ごと》に其の当時の買収犯罪の主なるもの及相当注目すべき事件は、大抵本書に掲載した積りである。……古い事件の記録は廃棄されて居て判決原本しか残つて居らず、是れに依つて事件の内容を知るより外《ほか》に途《みち》がないので判決を掲げた」とあるように裁判記録を網羅的に調査したものであり、全体で一一五〇頁に達する大著である（以下、平田『選挙犯罪の研究』と省略）。

さて、その平田がつぎのような興味深い指摘をしている。つまり、明治二十三年（一八

氏名虚偽	不正投票	小計（自由）		戸別訪問	文書図画	事前運動	その他	小計（形式犯）		合計
	42	216	5%	509	412	54	73	1048	24%	4445
4		60	4%	189	265	20	22	496	34%	1469
	14	122	2%	1405	1314	235	658	3612	47%	7732
	190	409	1%	2764	1362		1157	5283	11%	48517
	93	232	2%	1029	340	29	279	1677	13%	12901
	112	263	1%	1708	1202	44	344	3298	16%	20679
	152	415	2%	1358	1273	84	175	2890	14%	20715
	35	253	1%	1273	1959	211	305	3748	11%	32768
	8	107	0%	1197	1893	48	217	3355	10%	34865
3	148	255	1%	1351	1243	36	213	2843	16%	18247
1	97	184	1%	1094	834	26	172	2126	14%	14766
	20	93	1%	541	768	58	103	1470	9%	15906
	19	91	1%	565	576	13	87	1241	11%	11212
	26	95	1%	466	606	36	33	1141	8%	14412
	6	52	1%	416	855	1	14	1286	15%	8373
	4	50	1%	345	423	1	14	783	10%	8168
	10	58	1%	409	592	9	17	1027	9%	11176
	22	46	1%	260	372		5	637	8%	7623
	4	46	1%	305	318		29	652	11%	5835
	20	51	3%	57	65		9	131	8%	1713
	7	52	4%	60	89		41	190	14%	1375
	27	78	10%	20	41		11	72	9%	790

表4　適条別衆議院議員選挙違反の送致人員（第22～43回）

	買収利益誘導	新聞雑誌買収	小計（買収）		自由妨害	職権乱用	投票干渉	暴行	凶器携帯	虚偽事項公表
第22回	3167		3167	71%	172	2				
第23回	896		896	61%	56					
第24回	3832		3832	50%	100			8		
第25回	42271	34	42305	87%	178	12		1		28
第26回	10906	7	10913	85%	120		5	2	2	10
第27回	16890	112	17002	82%	137			3	2	9
第28回	17177	18	17195	83%	245			2		16
第29回	28674	5	28679	88%	212			2	2	2
第30回	31210	12	31222	90%	74			1	1	23
第31回	15088	4	15092	83%	99				1	4
第32回	12387	1	12388	84%	67					19
第33回	14287	9	14296	90%	44	25	2			2
第34回	9823		9823	88%	66		2			4
第35回	13022	1	13023	90%	65			2		2
第36回	7209		7209	86%	44			1		1
第37回	7329		7329	90%	40			1	4	1
第38回	10084		10084	90%	46					2
第39回	6940		6940	91%	24					
第40回	5133		5133	88%	42					
第41回	1531		1531	89%	20		7	2	1	1
第42回	1133		1133	82%	28		12	1		4
第43回	640		640	81%	24		27			

図4　平田奈良太郎『選挙犯罪の研究』

九〇）第一回総選挙での買収について「一票二十銭（生産者米価を基準に現在に換算すれば約一五〇〇円、以下金額の後のカッコ内は同じ）乃至《ないし》三円（二万二六〇〇円）であつて、一票の金額に付ては四十三年後の昭和（一九三二）七年二月の総選挙の時と差異なく、寧《むし》ろ今日の一円（一八五〇円）より当時の一円の貨幣価値が、遥かに高かつたから現今の何倍かに相当する」と、一票当たりの額面買収額はあまり変わらなかったというのである。他の史料でも同じような指摘がなされており、おそらく正しいのだろう。とすれば、Ⅰ期では少数エリートに対し比較的多額な買収がなされたが、Ⅱ期では買収対象が拡大した一方で額は減少したということになる。

候補者の選挙費用額

このことを候補者側からみれば、彼らの選挙費用額はあまり高騰しなかったのではないかということになるが、決してそうはいかなかった。

第一回総選挙での選挙費用は約千円（七五〇万円）であったというのが新

聞の一般的な見方であった。しかし、「名望家と公民と国民」の章で後述するように、大正四年（一九一五）第十二回総選挙（大隈《おおくま》内閣）は演説会、推薦状などが盛んになった選挙であったが、そのための費用が嵩《かさ》み、買収のためのカネも含めてこの時の一候補者あたりの選挙費用額はおおよそ八千円（二八〇〇万円）であったらしい。それがさらに普選が実施され大衆へのアピールがますます重要になると「従来小選挙区（第十四〜十五回総選挙を指す）のもとに於ける平均三万円（三六〇〇万円）の選挙費用を使用されてゐたのが、今回は有権者が増加したので平均凡《およそ》五万円（第十六回総選挙のこと、七一〇〇万円）を下らなかつた」といわれ、さらに昭和七年（一九三二）第十八回総選挙では七万円（一億三〇〇〇万円）であったという。もちろん、前述のように昭和三年の普選（第十六回総選挙）以降は法定限度費用額が決まっており、それは約一万二千円（選挙区有権者数によって変動、昭和三年であれば現在の一七〇〇万円程度）くらいであって、いずれもそれを大きく上回っていた。

このように、大正期から昭和初期は有権者の増大、選挙戦術の変化によって選挙費用はうなぎ登りであった。

政党の公認料

では、その出所はどうかといえば、II期（第十〜十七回総選挙、日露戦後〜普通選挙実施・政党内閣）ではすでに候補者個人の力ではどうにもならない状態になっていた。それをカバーしたのが政党である。いわゆる政党の公認料の嚆矢《こうし》も大隈内閣で、各候補に五千円（一七〇〇万円）が支給されたといわれる。このカネは党首たちが工面することになるが、原敬《はらたかし》・加藤高明《かとうたかあき》・田中義一《たなかぎいち》・浜口雄幸《はまぐちおさち》ら党首たちは、そうであるがゆえに党内での地位は揺るぎないものであった。しかし、すぐにそれでも足らなくなったらしく、昭和に入ると党幹部もポケットマネーから出すようになった。平田は昭和七年（一九三二）第十八回総選挙（政友会犬養内閣《せいゆうかいいぬかい》）についてつぎのように述べている。

政友会では軍資金五百万円、民政党では三百万円、此の外に両党幹部がポケットマネーとして乾児《こぶん》に出されたのが政友会二百万円、民政党百万円位に上つたと云はれて居る。即ち政友会本部では公認料第一及《および》第二段で八千円、第三段が二千から五千円、第四段がぽつん、、、と散弾的に第三段に同じく、大体一人当りの平均一万五百円（二〇〇〇万円）当りで其の公認者が三百八人を出したら合計三百二十三万四千円許《ばか》り、後の二百万円足らずは本部特派応援弁士其他の遊説費、パンフレット・リーフレット等の宣伝文書の出版代、電報代、電話代其他の宣伝費等に一文も残らず金庫をすつかり空にして、夫《そ》れでも足らない分は幹部各自からのポケットから投げ出されて居る。

……

民政党であるが、之《これ》も公認料が本部費用の大半を喰つて公認一人当り最初の二回で五千円、第三第四と公認人物に応じて出され、之を合せると一人平均七千五百円（一四〇〇万円）、従つて二百六十七人の公認料が二百万二千五百円を下らず、之でも金が無くて軍資尽きたりと云ふ面々には、幹部から夫々《それぞれ》特別弾薬輸送と云つた体《てい》で送られた。

この幹部のポケットマネーが党内派閥の形成に結びつくことは明らかであろう。政党政治では政権獲得のため、カネに糸目などつけてはいられなかったのであった。

戦後の趨勢

戦後のⅣ～Ⅵ期については、まずその犯罪事項の内訳を各年の警察庁刑事局編『犯罪統計書』（表1と同じ出典で、のちにはたとえば『昭和〇〇年の犯罪』と改題）からまとめ、表4「適条別衆議院議員選挙違反の送致人員」として掲載しておいた。法律も変更されているので、まず事項別の説明からはじめよう。

戦前分は「選挙の純潔」「選挙の自由」「選挙の真正」という形で分類してきたが、戦後のⅣ期以降はこの時期の分類法にしたがって「買収」（従来の「選挙の純潔」違反に相当）・「選挙の自由妨害」（従来の「選挙の自由」および「選挙の真正」違反に相当）・「形式犯」に分けた。このうち、「買収」についてはとくに説明の必要はない。

「選挙の自由妨害」違反であるが、「自由妨害」とは暴力や脅迫によって選挙運動の自由を妨害すること（もっともその多くは夜陰にまぎれたポスターの毀損《きそん》）、「投票干渉」とは投票所で不当に特定候補に投票させせようとしたり、誰に投票したか知ろうとすること、「暴行」とは投票所で暴力を振るったり、集団で騒擾《そうじょう》を起こすこと、「不正投票」とは詐称登録・氏名詐称・偽造投票を意味する。形式犯はもちろん各種の規制に違反した者であるが、これは非常に細かくかつ時期によって異なるので、戸別訪問、文書図画、事前運動、その他と大雑把に分類したのを記すにとどめることにした。

「その他」に含まれる事項を簡単に紹介しておけば、学校教員が立場を利用して生徒の父母に働きかけること、二十歳未満の者が運動員になること、選挙違反を犯し選挙運動が禁止されている者（権利を持たない者）が運動をすること、町村長など公務員で自ら立候補しようとする者が職務を利用して運動すること（公務員等の運動制限）、自動車や隊伍を組んで連呼し「気勢を張る行為」などが禁止され、演説会開催方法の制限（公共施設を利用してもよいが、その利用方法の制限、あるいはそれ以外での演説の禁止）、自動車・船舶・拡声器の利用制限（ただし自動車一台は貸し出す）、政見放送《せいけんほうそう》の際の制限（虚偽事実を述べてはいけない）、選挙期間中の政党活動の制限、運動費に関する制限（運動費の費用目的、限度額など）などがあった。

やはり多かった買収

この表4によれば、第一に戦後の全期間を通じても、やはり買収行為が最も多い。つまり、戦前、戦後を通して選挙違反の大部分は買収だったのである。

第二に、運動の規制強化によって形式犯が増加すると予想されたが、この表からは意外と少ないという印象を受ける。しかし、これは必ずしもそのような行為が少なかったわけではなく、取り締まる警察側の重点が買収犯罪にあり、形式犯は犯罪としては比較的軽微だったので、それらに対してはまず警告を発し、それでも改善されない場合に検挙するという方針を採ったからである。警告数は表5「選挙違反警告数」として掲げた。これでわかるように、この時期は数としては相当なものであり、その大部分は文書に関するものであった。

第三に、選挙の自由妨害はほとんどなくなったが、他の事項が減少したため、現在に近づくにしたがって逆にその比率を上げている。

時期を区切ってもう少しくわしくみてみよう。Ⅳ期（第二十四～三十回総選挙、占領後期～安保闘争

表5　選挙違反警告数（選挙後90日まで）

	件
第30回	9474
第31回	10475
第32回	15267
第33回	19750
第34回	25503
第35回	22704
第36回	
第37回	14516
第38回	15871
第39回	21251
第40回	11995
第41回	7347
第42回	4076
第43回	3256
第44回	2879

など保守・革新対立期）の特徴は、第二十五回総選挙（昭和二十七年、第三次吉田茂《よしだしげる》内閣）から第三十回総選挙（昭和三十八年、第二次池田勇人《いけだはやと》内閣）まで、違反者数が非常に多いことである。第二十五回総選挙は、講和独立後の最初の選挙で、公職追放組が復帰し大混戦となった。II期（第十～十七回総選挙、日露戦後～普通選挙実施・政党内閣）もそうであったが、政党活動が活発化しかつ対立が激しい時代は違反も多くなるようである。

この時期の違反の特徴は、組織的であったことである。個人後援会、会社、労働組合、同業組合、地域的結合などである。そして、一人あたりの買収金額が低いこともあげられる。これは有権者側の罪の意識の高まりと、それを軽減、緩和させながら広く浅く買収しようとする運動者側の巧みな技術の応酬といえるだろう。

イメージ選挙の登場

V期（第三十一～四十回総選挙、佐藤栄作《さとうえいさく》～宮沢喜一《みやざわきいち》まで自民党内閣期）。この時期は数的に減少していくが、その要因としてまず考えられることは、都市部を中心として選挙の戦術が大きく変化したことであった。その象徴が昭和四十二年（一九六七）の東京都知事選挙での美濃部亮吉《みのべりょうきち》陣営や、昭和四十五年四月の京都府知事選挙での蜷川虎三《にながわとらぞう》・柴田譲《しばたゆずる》両陣営などである。美濃部は憲法学者美濃部達吉の息子で経済学者であったが、この選挙に社会党・共産党の支持で出馬し当選、老人に対する福祉政策などで国政をもリードした。蜷川も元来は経済学者であったが、昭和二十五年に社会党公認で京都府知事に当選、以後昭和五十三年まで数少ない革新知事として全国に名を馳せた。

そんな彼らは、宣伝カー・シンボルマーク・シンボルカラーなど派手で清純なイメージ選挙をくり広げたのである。この結果、従来のように組織を対象にした買収という手段は減っていき、選挙違反も減少したと考えられる。では、なぜイメージ選挙が流行したかといえば、それはさまざまな点が指摘できる。公明選挙推進運動などの活動が実ったこと、昭和三十七年（一九六二）の改正で連座制が強まったこと、個人後援会活動も規制されるようになったこと、前述のように文書違反に対しても警告が多く発せられるようになったことなど法律上の改正や、「黒い霧」事件（一九六六年。田中彰治衆議院議長による恐喝、荒船清十郎運輸大臣による急行列車停止駅の追加など、自民党をめぐる一連の不正事件）のあとで政界浄化の声が高まったという政治的理由もあろう。

しかし、それと同じく重要なことは「一昔前までは、選挙運動といえば、町やら村やらのボスを中心として、町ぐるみ、村ぐるみの買収・供応といったのが典型的タイプであったが、最近においては、少なくとも大都市においてはこうした素朴な形での運動は影をひそめてしまっている。団地をはじめとして、膨大な人口の集中と流動によって、隣は何をする人ぞといったような隔絶された人間関係の集団を対象としては、静かに深く潜行しての大量の投票買収というものは、極めて効率の悪い、割の合わない方法」（於久昭臣「選挙違反の実態とその取締まりについて」『法律のひろば』二四―五、一九七一年）と言われるように、高度経済成長、都市化が急速に進み、さらには昭和二十年代前半に生まれて戦後教育を受けた、情実にとらわれないいわゆる「団塊の世代」が選挙に参加するようになったこと、あるいはカラーテレビ、車の普及など科学技術の発展などもあって、従来のような集団的行動の規制力が弱まり価値の多様化に伴う個別的生活スタイルが広まって「隔絶された人間関係」、すなわち個人化（あるいは「無党派層」の増大）が進行したことであろう。

しかし他方で、イメージ、知名度などが重視されるようになったため事前運動が多くなったこと、農村部では過疎化、高齢化が極端に進行し取り残されまいとする危機感が選挙犯罪を誘発したこと、買収は確かに減少したが、個々の犯罪をみると組織化（地方議会ぐるみの買収、買収金額の高額化）、巧妙化、潜行化が進行したことなどの特徴もある。

選挙をめぐる現在の問題点

VI期（第四十一～四十四回総選挙、細川《ほそかわ》護熙《もりひろ》内閣誕生・選挙法改正～）。この時期では、すでに減少傾向にあった選挙違反者数がさらに減少し、ほとんど見られなくなったことである。表5「選挙違反警告数」からも、警告数が同様に減少していることがわかる。前述のような社会変動がさらに進展したこととともに、平成六年の公職選挙法改正によって政党にも選挙運動が認められたことが大きな要因であろう。従来からも政党中心の選挙運動が提唱され、また実際に拡大しつつあったが、この改正によって比例代表制も導入され、選挙運動における政党の役割が大幅に増加した。イメージを重視する政党は極力選挙違反となることを避けようとしている。こうして、買収など選挙犯罪は、日ごろは法秩序を守り平穏な社会・家庭生活を営んでいる「善良な市民」ならば、まかりまちがってもするはずのない悪質な犯罪となったのである。

しかし、選挙費用という観点からすれば、おそらく現在では政党がテレビのコマーシャルなどに相当カネを掛けており、以前の買収が華やかなりしころと比べても選挙にかかる費用が減少したということは、まずなさそうである。しかも、それには税金から支出された多額の政党交付金が利用されているのである。また、個別の選挙犯罪をみても少ないながら依然として悪質、高額な買収は存在する。あるいは、最近の知事の汚職で明らかなように、選挙にかかる費用をいかに工面するか、すなわち買収という出口ではなく、政治資金獲得という入り口がより重要な問題となってきているようである。

地域別違反者数の比較

最後に、地域別の違反者数の推移についてもふれておく。表6「都道府県別違反者比率の推移」は各都道府県別の違反者数を有権者数で割り、それを全国平均でさらに割ったもので、つまり全国＝一に対し各都道府県の動向を示したものである。それをさきほどの時期区分にしたがって整理してみた。全時代を

表6　都道府県別違反者比率の推移（第37回総選挙は除く）

	13～17回	18～21回	24～30回	31～39回	通算		13～17回	18～21回	24～30回	31～39回	通算
北海道	0.70	1.28	0.72	0.86	0.76	滋賀	0.47	1.40	0.73	1.13	0.90
青森	1.18	1.05	1.10	1.94	1.31	京都	2.18	0.63	0.39	0.43	0.68
岩手	1.81	0.56	0.91	1.04	1.11	大阪	0.39	0.36	0.42	0.49	0.39
宮城	0.68	1.07	1.24	0.90	1.02	兵庫	0.42	0.62	1.04	0.56	0.74
秋田	1.77	1.08	1.20	1.58	1.47	奈良	0.38	0.88	0.86	1.11	0.83
山形	0.66	0.88	1.78	2.65	1.79	和歌山	0.56	1.11	1.17	1.13	1.11
福島	1.36	0.75	1.59	1.24	1.47	鳥取	0.68	1.48	1.47	1.60	1.46
茨城	1.29	0.96	1.54	1.50	1.45	島根	0.98	1.42	0.90	1.40	1.26
栃木	1.83	1.18	1.66	0.61	1.43	岡山	0.51	0.98	0.81	0.93	0.86
群馬	1.94	1.19	1.17	1.06	1.32	広島	0.95	0.66	0.71	0.98	0.85
埼玉	2.90	0.81	1.57	1.00	1.24	山口	0.74	0.42	1.09	0.94	0.99
千葉	0.84	1.40	1.48	1.58	1.21	徳島	0.87	1.13	1.41	1.76	1.50
東京	0.41	1.18	0.51	0.29	0.45	香川	1.08	0.77	2.74	2.50	2.30
神奈川	0.50	1.29	0.81	0.29	0.48	愛媛	0.80	0.90	1.20	3.74	1.76
新潟	0.69	1.34	1.13	1.46	1.21	高知	1.38	0.95	0.56	1.47	1.07
山梨	0.92	1.62	1.58	2.33	1.74	福岡	1.39	0.94	0.83	0.82	0.92
長野	1.90	1.13	1.31	1.22	1.47	佐賀	0.32	0.86	0.98	1.29	0.99
静岡	1.33	0.88	0.71	0.69	0.81	長崎	1.28	0.98	0.79	1.20	1.08
富山	1.10	1.12	1.73	1.58	1.61	熊本	1.28	1.13	1.47	1.67	1.55
石川	2.44	1.20	1.50	2.09	1.91	大分	1.66	2.10	1.41	3.04	2.00
福井	3.32	0.78	1.82	2.01	2.36	宮崎	1.71	1.64	0.93	1.06	1.25
岐阜	1.18	1.55	0.80	1.68	1.18	鹿児島	1.13	0.86	0.94	1.14	1.09
愛知	1.39	0.67	0.58	0.45	0.62	沖縄	0.06	2.99		1.31	1.34
三重	1.03	0.80	1.10	1.00	1.10	標準偏差	0.67	0.44	0.45	0.70	0.44

通した統計はとれなかったが、ここからは、一目瞭然で大都市部に違反者が少ないことがわかる。通算で上位五つを選ぶと、大阪・東京・神奈川・愛知・京都の順となる。また、都道府県別のばらつきであるが、Ⅱ期（第十三〜十七回）では大きく、Ⅲ期（十八〜二十一回）・Ⅳ期（二十四〜三十回）で小さくなり、Ⅴ期（三十一〜三十九回）で再び大きくなっている。ただし、これ以上のことは次章以降に譲ろう。

では、いよいよ過去の日本人たちがあの手この手を駆使しいかに法律の網をかいくぐろうとしてきたのか、そして国民側はそれをどのように受け止めていたのか、その現在にいたるまでの足跡を具体的にたどってみたい。

ムラの騒擾と団結

激動の明治中期

選挙干渉とムラ

ここではⅠ期（第一～九回衆議院議員選挙〈総選挙〉、明治二十三年帝国議会開設《ていこくぎかいかいせつ》～日露《にちろ》戦《せん》争《そう》）についてみていくことにする。この時期の選挙違反については、とりあえず四〇頁の表2「衆議院議員選挙違反者調」をみていただければ、概略がつかめよう。しかし、選挙干渉で有名な第二回総選挙では「暴行脅迫」が多かったはずなのに、この表では非常に少ない。ではこの時期にそのような暴力行為がなかったのかといえば、それも事実とまったく異なる。いったい、日本に何が起きていたのだろうか。

明治二十四年（一八九一）十二月二十五日、第一次松方正義《まつかたまさよし》内閣は、予算案中の海軍軍艦製造費などを削除しようとする民党多数の衆議院と妥協せず解散した。この結果、翌年の二月十五日に第二回総選挙が実施されることになったが、この間全国で死者二十五名、負傷者三百八十八名を出す大選挙干渉事件が起きたのである。

高知県宿毛村にて

最も流血が激しかった高知県からみていこう。板垣退助《いたがきたいすけ》の地元であり自由党が強い高知県では、同時に坂本龍馬《さかもとりょうま》も参加したことがある土佐勤王党《とさきんのうとう》の流れを汲む吏党《りとう》（藩閥《はんばつ》政府を支持するグループ）の国民派も強かった。その高知県のなかでも最も両派の力が接近していたのが第二区（県西部）であり、そのなかには約三百六十戸、有権者でいえば六十名ほどの足摺岬《あしずりみさき》に近い幡多郡宿毛村《はたぐんすくもむら》があった。

県知事調所広丈《ずしょひろたけ》は同郷の松方首相のために、何としても吏党系議員を当選させようとやっきになっていた。内閣が直接的に実力行使による選挙干渉を指令した痕跡は見あたらないが、その意を斟酌《しんしゃく》した地方官たちのあいだには暴力をも辞さない者たちがおり、調所もその一人であったらしい。彼は、そもそも解散とは天皇の詔勅《しょうちょく》によるものであり、前議員に対する天皇の不信任なのだから再選させるべきではないと、巡査に各戸を巡回させて説得しようとした。

これに対し、村を挙げて自由党派であった宿毛村では、村長名でそのようなことはもってのほかであり、「我が村民にして若《も》し吏権党の如き穢《けがら》はしき者輩出《はいしゅつ》候時は、一大珍事を醸生するに至らん。左候《さそうらえ》得ば非番巡査の為め村治に一大変動を生ずる次第なるに付、自《じ》今《こん》余計の事に注意せざる様御監督可然《しかるべし》と被存《ぞんぜられ》候」と一月十八日に地元警察署長に申し込

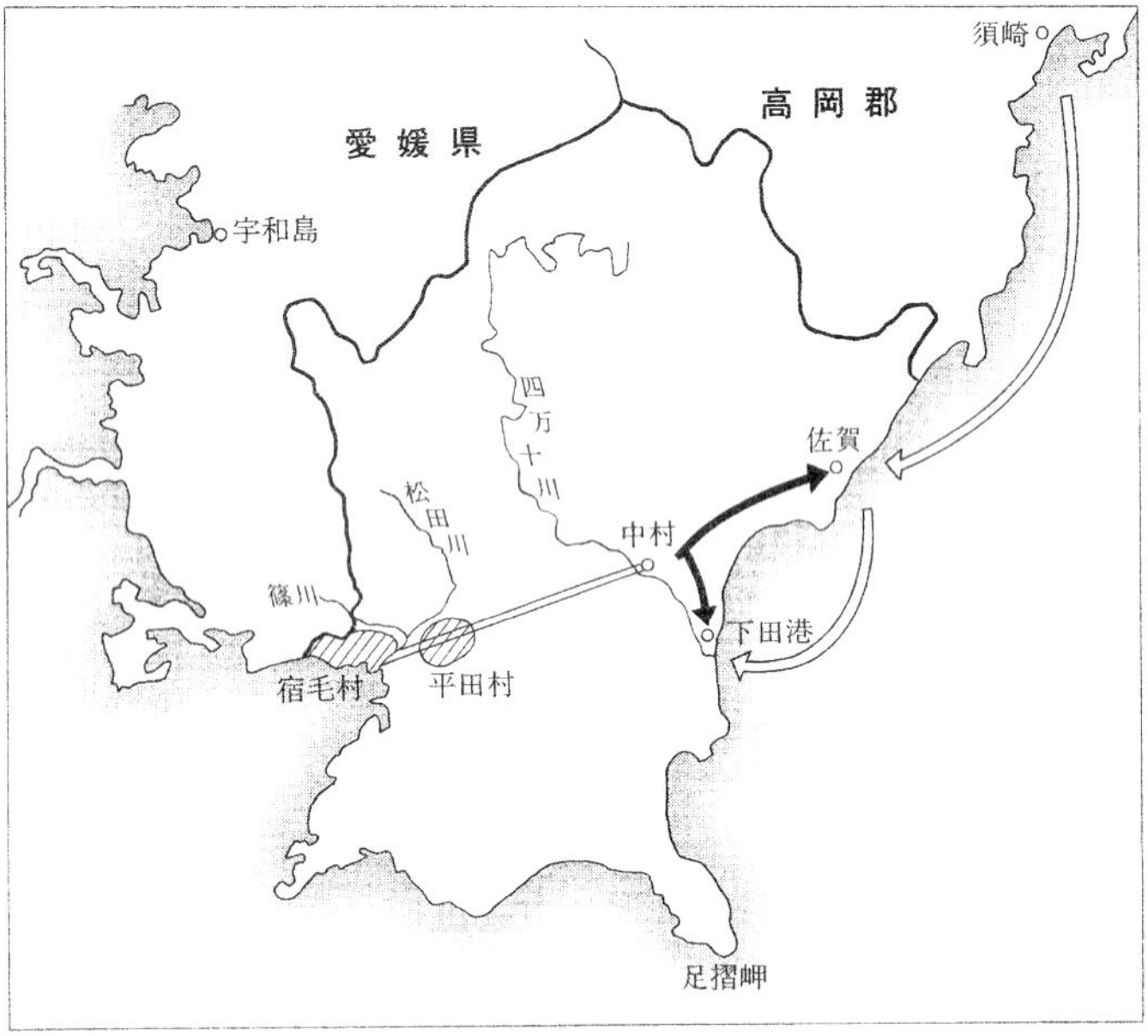

図５　高知県幡多郡

んでいる。さらに、宿毛村自由党派は平田村《ひらたむら》に応援に行こうとしそれを遮った巡査を斬りつけたり（二月三日）、近隣で吏党系の「暴徒」を見かけては山狩りをして捕縛し、憲兵《けんぺい》に引き渡したり（二月三日）と活躍した。

四万十川の銃撃戦

しかし、幡多郡全体では国民派の方が優勢であり、そのため二月五日には「自由派は五十余人の壮士《そうし》を以て纔《わずか》に宿毛一村三百六十余個の選挙権を守り、国民派の番人凶器を持ち松葉(田)川《がわ》に在りて其出入を見張り居れり。左《さ》れば自由派に属して他村に住する者も、一旦家を逃出でて還るを得ざるが為此村に来集まり、妻子の安否を知らんとするも之を知る道なく、村内商家の如き最早《もはや》家財を取片付などして逃支度《にげじたく》を為すもあり」と孤立してしまった。自由党派は、この状況を打開すべく援軍を送ったのである。

自由派は如何《いか》にもして此郡内を乗取らんとて、扨《さ》ては一百人の党員を此地に差向けたるものなるが、国民派にては夫《それ》と聞くより同郡中村《なかむら》に屯集《とんしゅう》せる党員四百名を以て銃隊を造くり、其内より決死の壮士二百名を選抜して抜刀隊《ばっとうたい》を組立て、此等の壮士は親子兄弟に訣別《けつべつ》の水盃《みずさかずき》を為し、夫《か》の壮士一去復不還〔壮士一たび去ればまた還らず〕との意気込にて郷関を出でたる体《てい》は、恰《あたか》も十年西南《せいなん》の役《えき》に肥薩（肥後、薩摩）の壮士が出軍したるも斯《か》くやと思ふ許《ばか》りなりしとぞ。斯くて此等の壮士は佐賀の埠頭《ふとう》に隊列を整へ、敵船の来たるを今や遅しと待ち構へたり。斯《かか》る処へ自由党の面々は夫《か》の汽船中村丸に打乗り、浪を蹴立て海岸に近寄り上陸せんとしたるに、国民派は筒先を揃へて打出し弾丸雨霰《あめあられ》の如く飛来りしかば、同船乗組み居たる憲兵は必死となり危険を冒して上陸せんとする壮士を取鎮め、頓《やが》て同所を抜錨《ばつびょう》して同日午後七時下田《しもだ》港に引還せり。壮士等は又此処《ここ》より上陸せんとなしたるが、茲《ここ》にも亦《また》三百余名の国民派屯集し、寄らば撃たんと構《かま》へ居るにぞ、憲兵は一切他人の上陸を止め同兵六名のみ辛じて上陸し、自由派のものは総《すべ》て須崎《すざき》に帰り……（『大阪朝日新聞』、平田『選挙犯罪の研究』）

山なみの多いこの地方で、宿毛村は、平田村を経由して中村に至る陸路が唯一の外界との接点であった。逆に、この陸路を制圧すれば幡多郡全体を影響下におさめることも可能であったが、自由党はそれに失敗したのであった。

この状態は投票日まで続き、投票翌日も両派の千名ずつが相対峙《あいたいじ》して、人もモノも通行できなくなり、そのために米穀も途絶えてしまって備蓄のない「中等以下」の村民たちは「僅《わず》かに富豪の貯蓄を請《こ》ふて其日を凌《しの》ぐの有様」であった。国民派はますます強硬となって兵糧攻めをしたり、投票箱の運搬をも妨害したという（民友社編刊『選挙実録』一八九二年）。

福岡県三池にて

福岡県知事安場保和《やすばやすかず》も吏党議員選出に熱心な地方官であった。そんな彼がターゲットにしたのが民党勢力が強い第六区（山門《やまと》・三池郡《みいけぐん》）であった。この地域は熊本県に隣接しており、福岡の玄洋社《げんようしゃ》、熊本の国権党《こっけんとう》と全国に名を馳せた吏党系団体が数百名の屈強な壮士を送り込んできた。

これに対し、自由党派は旧大同派《だいどうは》（明治十九年に星亨《ほしとおる》・後藤象二郎《ごとうしょうじろう》が唱えた大同団結運動《だいどうだんけつうんどう》を支持したグループ）の山門郡と、非大同派の三池郡に分裂している状態であった。これに危機感を抱き積極的に活動し始めたのが、のちに政友会《せいゆうかい》幹事長ともなる自由党県議永江《ながえ》純一《じゅんいち》であった。彼は山門郡の人々に対し「若《も》し勝を制せんと欲せば、今日の如き運動の方法にては到底六《むつ》かしかるべし。……瀬高《せたか》、四十丁《しじっちょう》、渡瀬《わたせ》、大牟田《おおむた》等の数ヶ所に運動事務所を置き、壮士弐三百名を募集し、之を数ヶ所に派遣し敵党と抗戦するの準備をなすべし。故に之に伴ふ費用少なくば二、三千円（現在の一九〇〇万円）なからざるべからず」と説得した。当初はカネを出し渋っていた山門郡も結局は承諾したので、彼は早速大牟田に赴き三十名の壮士をかき集めた。しかし、それでも足らず、さらに熊本県南関《なんかん》から募集した（二月九日）。さてその夜、その南関から駆けつけた壮士が途中で喧嘩を始めたという連絡を石川某から受けた永江は、石川とともに家を出た。

予（永江純一）、石川に後るゝこと十歩計《ばか》り、忽《たちま》ち壱人橋上より抜刀にて走り来り、石川を行過ぎ直に余の前に来り、予の襟《えり》を取り曰く、貴様何処《いずこ》に行やと。予答て曰く、貴様如何なる人か知ざれば何れに行くも答るの必要なしと。彼云く、何国賊と云つゝ、提《ひっさ》げ居たる刀を以て予が足部を切付たり。予倒る。彼一声高く国賊虜《いけどり》たりと呼れば、五、六の壮士何れより顕《あらわ》れ来りけん、……予が腰に指居《さしおり》たるピストルに手当り遂に奪取し、国賊此《かく》の如き物を所持し自分共に抵抗す、不都合なる奴かなと云つゝ、余の頭部且つ腰部を打ち且蹴り、又予が所持したる時計を奪取し分捕々々《ぶんどりぶんどり》と云つゝ、又数十歩引ずり、路傍《ろぼう》に在《あり》たる土車に打乗せ遂に大和屋に引行き、奥座敷縁先に打さらし置たり

（有馬学「第二回総選挙における永江純一の遭難手記」『九州文化史研究所紀要』四四、二〇〇〇年）

きりがないので具体例の紹介はここまでとするが、以上からいえることは第一に、政府と自由党、あるいは吏党と民党の激しい対立である。松方首相、品川弥二郎《しながわやじろう》内務大臣《ないむだいじん》（内相）ら内閣側としては解散した以上は是が非でも勝たなければならないとの決意を固めており、吏党候補を応援するよう地方官たちに指令を発した。

他方、自由党・改進党など民党系の五政党は、前代議士の再選を基本原則として各選挙区で民党候補を一名に絞り込み、他の四党はそれに協力するという方針で政府と全面的に戦うことを決定した。

町村の自治の団結を為し、郡の自治、県の自治に及ぼし

この民党側の態度については、外国人研究者から「地方主義」という捉え方が提示されており、有力な見方と思われる。

たとえば、近代化＝中央集権化という通説的な図式に対し、「日本のいわゆる近代化は強力な中央だけでなく、強力な〈非中央〉をも作り出した。政治の地方化は中央集権化とパラレルに反応しながら、その発展過程をたどったのである。地方には新しい境界がつくられ、新しいアイデンティティーができた。交通手段や情報伝達手段の改良、新聞や雑誌の広がり、教育の延長等々は、国家的なアイデンティティーを強化すると同時に地方のアイデンティティーをも強化した」（M・ウィリアム・スティール「地方政治の発展」『年報・近代日本研究一四　明治維新の革新と連続』山川出版社、一九九二年）という主張である。そして、このような「地方主義」は江戸時代の村落の自治制を淵源にもち、その重要性は自由民権運動や「第一回総選挙における広範囲な影響と浸透力とにより十分に証明されるのである。………選挙の際の政党の多くは地域的な結社以外の何物でもなかったのである。「国民」政党でさえも実際は同じ心を持った地域的な結社の連合であったのであり、それゆえに、一八八九年（明治二十二）の大同団結崩壊後の自由党の分裂は地域への忠誠心という見地からある程度説明出来るのである」（R・H・P・メイソン『日本の第一回総選挙』法律文化社、一九七三年）とあるように、初期議会の民党に結実していくことになる。

ここで重要なことは、われわれはついつい自由党・改進党など中央の政党本部が厳然と存在し、各地でその支部が機能しているという中央集権的な政党をイメージしがちであるが、じつは各地域で「自由」を標榜《ひょうぼう》する地方政社が族生《ぞくせい》し、それらを総称して「民党」と呼んでいたということである。その地方政社の構成員のなかには、自由党に参加していた者が含まれている場合も多いが、とりあえず自由党と地方政社とは組織上は無関係であった（そもそも、明治二十六年四月まで政党が地方支部を持つことは許されなかった）。そして、総選挙ではこの地方政社が主役だったのである。

すなわち彼らによれば、初期の総選挙は藩閥政府の中央集権化と、地方政社の集合体である民党の「地方主義」の対決であり、民党の主張する「民力休養」とは中央に吸い取られることなく、地方にも力を温存することを求めたものであったということになる。

このような「地方主義」活動家の発想は、たとえば「一町村の人民各《おのおの》自治の団結を為し、以て一郡の自治、一県の自治に及ぼし、国家自治の基礎を鞏固《きょうこ》ならしむる」（吉野泰三《よしのたいぞう》）、「真の政治および政党は、一町一村の端から、その根帯を培養してかゝらなければ、仮令《たとい》中央政権を握っても、堅実な基礎は出来ぬ」（野田卯太郎《のだうたろう》）などの発言からわかるように、末端の町村での団結を固くし、それを積み上げて国家全体に波及させようというものであった。

したがって、そんな彼らの選挙運動の方法は後述するように、有権者個人―大字《おおあざ》―村―郡―選挙区（数郡で一小選挙区を構成）という階層に沿った整然たるものであった。

優れた人材をいぶり出せ

ところで、中央集権と規定された敵方の藩閥政府はどうであったのか。これまでの二十年間、確かに彼らは中央集権化を急いできた。そして、政治体制以外の点ではほとんど制度的な面で近代化の基礎を築くことに成功していた。しかし、それを運用するには国民の理解、同意、協力が必要であり、そのための議会制と地方自治制が必要となってきていたのである。そこで、市制町村制、大日本帝国憲法、衆議院議員選挙法が制定されたわけであるが、ここで藩閥政府によって作られた衆議院議員選挙法が、何をめざしていたのかを考えてみたい。

まず、納税資格について。選挙人・被選挙人ともに選挙人名簿作成まで一年以上その府県で直接国税十五円（一一万三〇〇〇円、現在の感覚からすれば思ったより高くないようである）以上を納めていなければならないと規定した。これによって、都市部に住んで教養があり弁も立つが資産のない士族《しぞく》や、江戸時代では教育をあまり受けずに「お上《かみ》」や名主《なぬし》からの命令にしたがって生きてきたため、選挙権を与えてもきっと情実や上からの圧迫によって投票するであろうと思われた財産の少ない一般人民は除外された。そして、残りの約一％が有権者となったのであるが、それに該当したのは土着の温厚篤実《とくじつ》な安定志向の名望《めいぼう》家《か》であり、その比率はイギリスでいえばいわゆるジェントリー層（「郷紳」「田舎紳士」）までの階級に相当していた。おそらく、法制定者はこのジェントリーをイメージして十五円という金額をひねり出したのではないだろうか。

少数派保護の小選挙区制

つぎに小選挙区制度が採用された。当時のヨーロッパでこの制度を採用している国が多かったことが、その理由のようである。

ところで、現在の考えでは、小選挙区制度は多数による少数の支配として理解されるが、当時は必ずしもそうではなかったようである。小選挙区にすれば、全国的には少数派であるグループも特定選挙区では多数派となるチャンスがあり、その代表が国会に出ることによって少数意見も国会の場で公平に反映されるというのである（小松浩「イギリスにおける小選挙区制論の史的展開」『明治大学大学院紀要』二七、法学篇、一九八九年）。ただし、日本の藩閥政府はこのような公平性の観点から小選挙区に賛成したのではない。政府の主眼は、選挙民が候補者を熟知し適切な選択が行なえることであり、その意味で小選挙区が勝っていると判断したためである。

明治に入り、たとえば自由民権運動のように各地で名士・志士が集まって「懇親会《こんしんかい》」という名で数多くの交流が持たれたが、情報・交通手段が格段と発達した現在と比べれば、やはりいまだ交流範囲は限定されていた。したがって、確かに候補者を熟知するという意味では、小選挙区制度は適当な広さであったと思われる。

では、熟知するという意味はどういうことかといえば、党派色とか、単なる知名度ならば熟知の必要はないのであり、ここで要請されていることは、あくまでも地域住民の信頼を受け、代表に相応しい人格・識見を持った名望家は誰かを判断することであった。

非立候補制度が採用されたのも、同じ意味からであった。地域内の人物を相互に熟知していれば、相応しい人物が誰かは立候補しなくともわかるはずであり、むしろそのような人物を非立候補制度によって、地域のなかからいぶり出すことが望ましかった。そして、それを確かにするのが記名投票である。無記名では無責任な投票をする者が生じてしまう恐れがあるからである。

藩閥政府の意図

以上から、衆議院議員選挙法は安定志向で人格・識見に優れた人物を地域のなかからいぶり出し、天皇・国家官僚と責任を分かち合ってともに進退させることを目指したものであったといえよう。つまり、民党のいう町村の自治的団結は藩閥政府にとっても目指すべきものであり、決して中央から地方への一方的押しつけではなかった。

「国家主義」を自任し選挙干渉事件の際の責任者であった品川弥二郎自身も、各地の吏党同志に向かって「一村一郡と追々同志者之一人でも二人でも漸々《ようよう》と団結すること肝要」（明治二十七年二月十七日付成田直衛《なりたなおえ》宛書簡、「成田直衛文書」東京大学法学部法政史料センター原史料部所蔵）と、村→郡というベクトルを重視している。そもそも、山県有朋《やまがたありとも》が樹立した地方制度もこのようなことを目指していた（柚正夫「選挙粛正運動の思想と役割（二）」『都市問題』五〇―八、一九五九年）。もちろん、この場合は藩閥政府による上からのベクトルとの結合が前提であった。そして、両ベクトルが結合してできた地域の小グループが吏党と呼ばれるものであった。

国家と地方を結びつける合い言葉は「積極主義」（多少の税負担はしても、国家・地方の発展を積極的に図っていくという意味）であり、これによって民党の単純な「地方主義」に対抗しようというのである。とすれば、民党も藩閥政府・吏党も、ともにムラの団結、郡の団結をどちらが奪うかで激しく対立していたことになる。

ところで、高知県宿毛村において、たかだか六十票のために両派あわせて二千人もの人間が騒動に加わっていたという事実をどのように理解すればよいのだろうか。考えられることは、選挙権を持たない村民が多数、否《いな》、大部分が選挙という名の行事または騒擾《そうじょう》に参加していたということである。とすれば、ここで改めて、いったい当時のムラで何が起きていたのかを問わなければならない。

宮崎県のムラの騒擾

その参考資料として、宮崎県の場合をみてみたい。第二回総選挙ではとくに目立った選挙干渉事件が報告されていない宮崎県であるが、この時期、多くの村は蜂の巣をつついたような騒ぎであった。いくつかの例を列挙してみる。

県内最大の港である目井津《めいつ》を抱えた南那珂郡南郷村《みなみなかぐんなんごう》では、役場を新築する予定だったが、急遽学校建設に変更したため五十円の余剰金が出た。そこで、一戸ずつ平等に返金することにしたが、そもそも建築費は戸数割（戸別に平等に掛かる税）、地価割（所有地の地価額を基準にして払う地方税）、営業割（営業税を基準にして払う税）で徴収したにもかかわらず、各戸平等の返金では逆に不平等である、なぜならば目井津地域などの漁民は地価割、営業割を払っていないからであるという異論が明治二十五年（一八九二）九月ごろに出され、村は騒然となった。

そこで県庁から南郷村に役人が出張したが、その役人によれば、目井津と他の地域は「交を断ち売買交通を禁止」する状態にあるという。そして「目井津地方は追々民党の占領する処となり、後々は役場吏員をも民党にて組織せんとするの野心ありて、議員半数改選（村会議員選挙のこと）の時には目井津のみにて全村の半数位の議員を出せり、故《ゆえ》に議事毎《ごと》に地価、営業に賦課《ふか》せんとするの景況あり」とも述べている。

西諸県郡加久藤村《にしもろかたぐんかくとうむら》および真幸村《まさきむら》で小作地《こさくち》引き上げ（地主が小作人から土地を取り上げる）騒動が起こったのは明治二十五年四月であった。やはり県の役人の報告によれば、

抑《そもそ》も加久藤、真幸地方に於て俄然《がぜん》小作地を引揚たるに至りし原因たるは衆議院議員選挙、県会議員選挙及び本月十八日に執行すべき村会議員半数選に係る競争に起りたるものにして、即ち自由党に属するものと穏和派と称する一派との軋轢《あつれき》なり。而《しか》して小作地引揚に着手したるは加久藤村を初めとす。元来加久藤村士族の大部は自由主義に党し、一部の士族と大部の平民とは穏和派と称し其人員自由派に倍せり。然《しか》るに曩《さき》に

衆議院議員の選挙あるや両派とも非常に競争の末、遂に穏和派の勝利に帰したるを以て、自由派は益々党員を多数ならしむるの必要を感じ、以謂《おもえ》らく小作地を引揚ぐべしと揚言したらんに……

ここでは、士族と平民、自由派と穏和派の対立が、衆議院議員選挙から村会議員選挙までをも貫いている様相がわかろう。

つぎに、分村運動が起きた北諸県郡《きたもろかたぐん》五十市村《いそいちむら》についてみてみよう。五十市村は五十町村《いそまちむら》と横市村《よこいちむら》が合併してできた村で、明治二十五年四月ごろの状況はつぎのようであった。まず大字五十町は、五百戸内外の家が二派に分かれ、うち穏和派が三百余戸、自由派が百九十五戸である。穏和派は財産と心命《しんめい》のある限り分村することを主張すると息巻いており、他方、自由派の者はもし分村となって独立したならば、村は穏和派の思うがままになってしまうので、分村せずに都城町《みやこのじょうまち》へぜひ合併させてほしいと希望している。大字横市のほうは戸数二百二十余戸、うち穏和派はわずかに二十余戸しかない、そのため大字内はいつも「平穏無事」である、という。

最後に、東諸県郡《ひがしもろかたぐん》の紛擾《ふんじょう》について。東諸県郡では、どの県道を優先的に整備するかで以前から南北に分かれて対立があった。そこに、明治二十七年（一八九四）に入って衆議院選挙、県会選挙が相次いで行なわれ、対立は最高潮に達した。高岡《たかおか》・穆佐《むかさ》の南部両村は非民党、綾《あや》・八代《やつしろ》の北部両村は民党であり、中間の倉岡《くらおか》・本庄《ほんじょう》・木《き》脇村《わきむら》はそれぞれ二派に分かれた。さて、三月十三日に行なわれた県会選挙の開票は南部の高岡村で行なわれたが、北部派の候補が勝ち、その支持者たちが警官に守られて帰村する途中、高岡村の東北

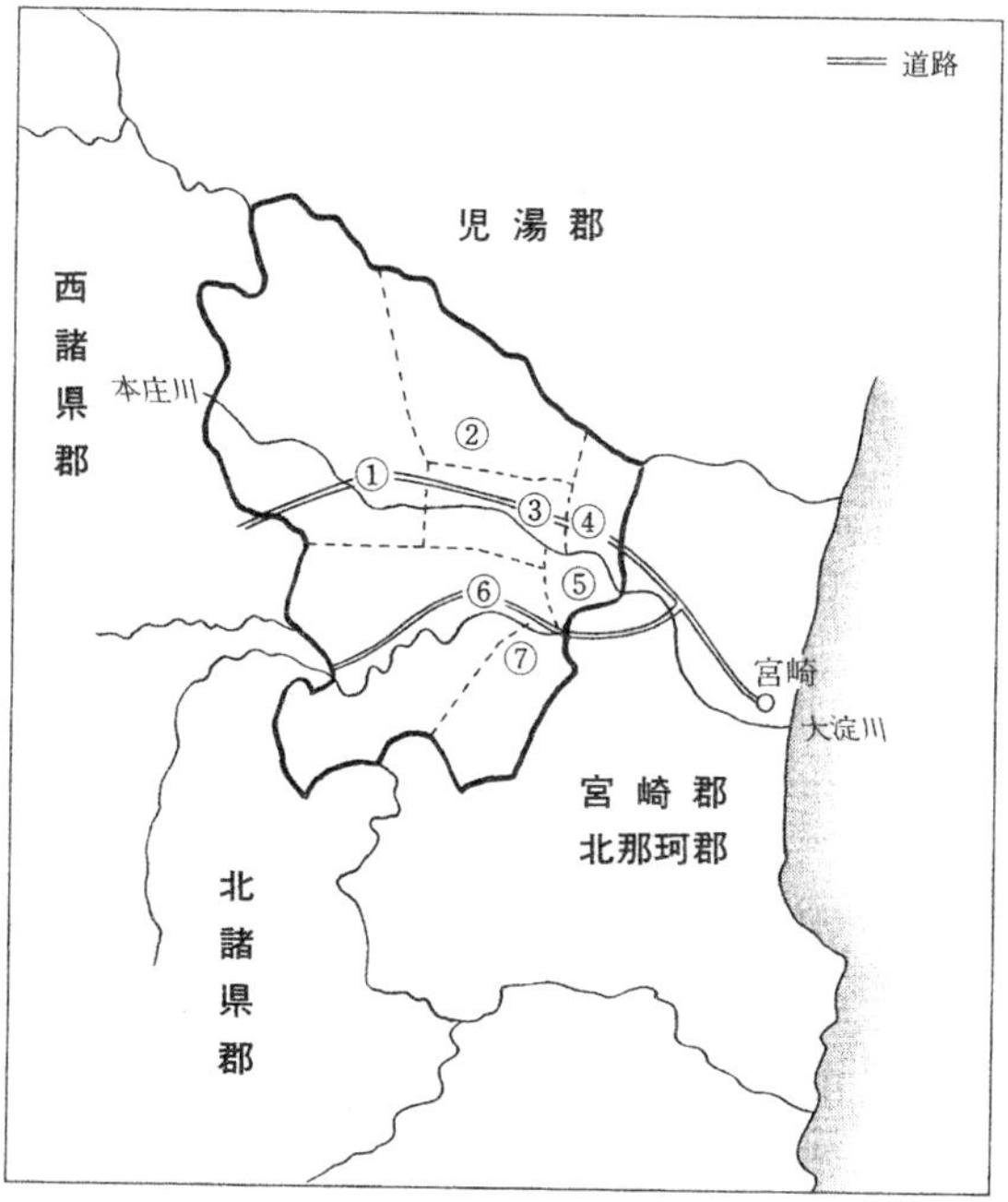

図6　宮崎県東諸方郡

村役場所在地：①綾，②八代，③本庄，④木脇，⑤倉岡，⑥高岡，⑦穆佐.

の町はずれで南部派の壮士に棍棒《こんぼう》などで襲撃されてしまった。それを聞きつけ、まず本庄村から数百人が高岡に向かい、高岡村からも人民が繰り出して村境の峠で対峙《たいじ》した。警官や郡官吏が死力を尽くして鎮圧しようとしても、少人数ゆえ効果がなかった。そこに南北両派の村々からさらに数百人単位で援軍が駆けつけ、あわや大乱闘という時に県

庁所在地宮崎町より警官十数名が到着、なんとか騒ぎが拡大することを阻止した（以上、宮崎県編刊『宮崎県史　史料編　近現代五』一九九七年）。

騒擾を止められぬ官憲

私も、宮崎県史編纂室の方々や有馬学・西川誠両氏と一緒にこの史料整理に携わったが、選挙に関連し、なかば暴力的な騒擾として、なかば合法的な訴訟として、つぎからつぎへと継起する事件の多さに呆然とした記憶がある。

有馬氏はこれについてすでにまとめておられるが（「ムラの中の「民党」と「吏党」」『年報・近代日本研究一九　地域史の可能性』山川出版社、一九九七年）、筆者の感想は、これこそがムラにおける自由民権運動ではないかというものであった。

くわしくふれる余裕がないので要点のみを整理すれば、

一、騒擾の基本は村内対立、村対村、郡内対立など地域間の民対民の対立であること、

二、その対立はどうやら民党・吏党という形を取っていること、

三、対立の要因が、戸数割のようにすべての住民に関わってくる税金、小作地引き上げという零細農民の死活問題、行政区画の変更あるいは道路位置という全村民の生活に関わる問題であったため、ムラをあげての騒動となったこと、

である。一村のなかの対立は、よく知られているように大字《おおあざ》間対立であった。明治二十一

年（一八八八）に市制町村制《しせいちょうそんせい》が公布され、これによって翌年には江戸時代ではほぼ五つくらいの村落（自然村）を一つに統合する形で新町村《しんちょうそん》（行政村）が誕生し、従来の村落は大字となった。そして、自治体となった新町村は住民の選挙によって選出される町村会議員（町村長は町村会で選挙）の手に委ねられることになったのだが、南郷村のように村会多数派による少数派圧迫という事態も出現したのであった。しかも、この地域間の基本的な対立に、前述の藩閥政府と民党の対立も侵入してきたため、政治イデオロギーと生活問題が結合して騒ぎは大きくなったと思われる。そして、それが衆議院議員選挙にも大きな影響を与えたことは確実である。宮崎県の場合は、このようなムラの騒擾が町村制施行（明治二十二年）から日清戦争《にっしんせんそう》ごろ（明治二十八年）まで続いた。

高知県宿毛の大騒動も、宮崎県のような状況と重ね合わさなければ理解することが困難であろう。おそらく、民対民の激しい対立状態であったところに、官憲側が火に油を注ぐように選挙干渉をしたため、騒動が一挙に燃え広がり、官憲自身も手に負えない事態に立ちいたったのではないだろうか。

とすれば、数字上ではなぜ暴力事件が少なかったのかという冒頭の問に対する回答としては、暴力的な事件は無数にあったが、それに参加したのが地域全体であり、それらをすべて検挙することが不可能であったからということになろう。このように、衆議院議員選挙であっても選挙に参加したのは、決して一％の選良だけではなかったのである。

騒擾のゆくえ

こうして、大騒ぎの第二回総選挙は終わったが、その後はどうなったのであろうか。表2（四〇ページ）には、第三回（明治二十七年）総選挙で四十三名の「暴行脅迫」犯がいたとあるが、その多くは、壮士たちが選挙事務所や個人宅へ侵入し、毀損《きそん》、殴打した事件であった。おそらく、これらの事件は地域全体に関わるものではなかったために、検挙が可能であったと思われる。

また、第二回総選挙での悪評に懲《こ》りた政府・内務省は、第三回以降からは官民を含めた暴力の取り締まりに力を注ぐようになった。その結果、第七回（明治三十五年）選挙では「当時は桂内閣であつて屢々《しばしば》選挙に干渉せざる様訓令を発した。又桂内閣は何れの政党とも没交渉であつたから、選挙干渉もなく選挙は実際に公平に行はれた様である」（平田奈良太郎『選挙犯罪の研究』）と評されるように、少なくとも官憲による露骨な干渉は陰を潜めたと思われる。

ではつぎの問題として、民対民の騒擾はどこにいったのかということである。私は以前、総選挙の投票結果の分析から、第一～三回では各選挙区で票が小選挙区制らしく二極分解していたが、以後では第六回（明治三十一年）に向かうにしたがって徐々に票が一候補に集中していくことを明らかにした（「戦前期の総選挙と地域社会」『日本歴史』五四四、一九九三年)。そして、この事実は「一町村の人民各自治の団結を為し」から出発し、郡の団結、選挙区の団結、さらには県の団結(明治三十年ごろ、各県内で政党が連合する動きが顕著となる)を図ろうというさきほどの「地方主義」者の発想に沿ったものであり、最終的には国家レベルでの団結、すなわち自由党・進歩党合同による憲政党創設、政党内閣誕生(明治三十一年)にもつながるものと私は考えている。つまり、ムラの騒擾は急速に減少し、国家規模でのムラの大連合が出現したのではないだろうか。

図7　中央と地域の関係図(1)

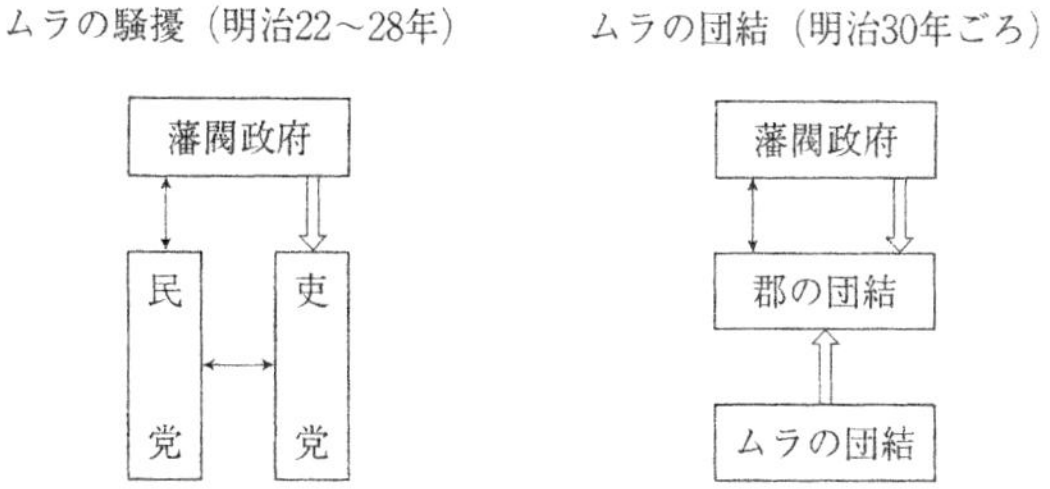

その要因のひとつには、日清戦争があげられる。戦争の興奮は、他の時代でもそうであるように選挙の興奮を凌《しの》ぎ、地域を統一する役割も果たす。また、住民の関心が、政治的闘争から、近代化による殖産興業《しょくさんこうぎょう》や生活向上に移行し始めたことも影響していよう。確かに、ムラの団結、郡の団結は憲政党による政党内閣樹立という結果を導いたが、同時に彼らは藩閥政府が始めた日清戦争に協力し、また藩閥の主張する積極主義も受容し始めたのである。そして、

さらにいえば、買収も地域の騒擾を沈静させる効果を持ったと思われる（図7参照）。われわれはしばしばこのようなムラの連帯を伝統的なものと捉えてしまう傾向が強いが、ここでわかるように、それは伝統の上に載る形で、近代において新たに誕生したものであった。

買収の実態

つぎに買収に目を移そう。ふたたび、四〇ページの表2「衆議院議員選挙違反者調」をご覧いただきたい。まず、ここにある犯罪事項を説明する。

買収のいろいろ

最初のグループは、岸清一《きしせいいち》『選挙弊害論』がいうところの「選挙の純潔」を犯す行為である。「金銭」とは、金銭を渡して投票を依頼する単純で直接的な行為と思われる。しかし、もっと巧妙で間接的な方法もあった。「車馬供与」「旅費供与」とは、岸によれば「選挙場又は投票所に往復するが為に、車馬船舶賃を給し、又は宿泊料等を給するは無論賄賂《わいろ》として論ずべきものなり、殊《こと》に実際車馬賃など称するは唯々《ただただ》其の名義を仮《か》れるに過ぎずして、其の実は多分の金銭を贈るものなり」というものであった。また表にはないが、「手《て》形収受《がたしゆうじゆ》」「債務弁済《さいむべんさい》」という行為もあり、それは「選挙人（有権者）の為に租税を代納し、又は選挙人の負債を代弁し、又は之《これ》に対するの債権を抛棄《ほうき》し、又は貸金の利子を軽減免除する」行為で、岸によれば「借地料小作料の幾分を免除すべし、又は若干の借家料を免ずべし、若《もし》くは何々の義務を免ずべし等の甘言を以て、選挙人を勧誘する者あるは余輩の常に見聞する所なり」という。

賄賂は何もカネのみに限らない。「物品」については、「古来我国に於ては冠婚葬祭の礼には云ふ迄もなく、朋友知己《ほうゆうちき》を訪問し、又は初対面の人に会し、又は何事か他人に依頼することありて之を訪ふ等の時に於ては、必ず土産《みやげ》又は名刺代りと唱へて、貧富に応じ、夫《そ》れ相応の贈物を為すを例とし、来客を接待するに、茶菓の類を以《もつ》てすると一般殆んど社交上の礼式として、堅く之を守るの風あり」、「物品の贈与は菓子・玉子・鰹節《かつおぶし》・煙草《たばこ》・銘酒・反物《たんもの》又は其の切手を以てするを通例とす」るが、この他に「小にしては手拭《てぬぐい》一筋、海苔《のり》一帖より、大にしては土地家屋の贈与」もあるという。さらに、「金銭物品等は下等の選挙人に対しては其の効力著大なりと雖《いえど》も、少しく教育あり資産ある輩《やから》は、金品には余り事欠かざるのみならず、其の嗜好《しこう》も亦《ま》た随て高尚《こうしよう》なれば、此等の輩を誘惑せんと欲せば、彼等の欲望を満たす」ために「公職供与」「会社重役任命」「次期選挙選出」など、公私の別なくあるいは有給無給の別なく職業・地位を与えることもあった。

「饗応《きょうおう》」は有権者をさまざまな席に招待して酒肉歌舞音曲《かぶおんぎょく》を振る舞い、その費用を候補者が支払うことを意味する。「我国社会の慣例を見るに、金銭貸借商業取引を始めとし、其の他如何なることにても少しく込入《こみい》りたる談話の如きは、皆酒楼《しゅろう》、会席等に於て之を為すを一般の風」とするが、とくに農村部では「多数の町村民一堂に会し、盛宴を張るが如きことは、平素甚《はなは》だ稀《まれ》なるを以て、之に出席せんことを切望せるは、殆んど一般の人情なり、殊に質朴なる選挙人は候補者又は知名の政客等と膝を交へ、献酬《けんしゅう》談笑するを以て無上の面目とする風」があり有効であると述べている。また、候補者の側ばかりではなく、有権者側からも「毎町村必ず二、三の所謂《いわゆる》喰倒家を見ざることなく、終始候補者に附随し、日夜其の事務所に出入して飲食を擅《ほしいまま》にするのみか、或は投票勧誘の第一着として選挙人又は其の他の重立《おもだちたるもの》者を会同すと称し、或は選挙演説会を開くと称し、或は投票約束者の離散を防ぐ為なりと云ひ、或は又当選の前祝ひと云ひ、其の他種々の名義を用ヰて宴会を開かんことを迫り、候補者若し之に応ぜざれば、忽《たちま》ち種々の手段を以て其の運動を妨害すべしと脅かし、飽《あ》くまでも其の目的を遂げんとする者」もあった。

「金銭供与周旋《しゅうせん》」とは、「仲買人《なかがいにん》」あるいは「ブローカー」と呼ばれる人たちを指すと思われる。仲買人は各候補の勢力伯仲《はくちゅう》する選挙区で暗躍することが多く「各町村市区内に於て平素口利《くちき》き又は周旋家など称せらるゝ者に多し。予《あらかじ》め一票何程と定め置きて選挙人に其の投票売付けの事を約し、斯《か》くして時期の至るを待ち、投票の相場益々騰貴《とうき》するを窺《うかが》ひ之を売却して非常の大利を占むる」のであるが、「此の仲買人の内にも小売卸売の如き種別ありて、選挙人と候補者との間には転々幾人かの手を経来《へきた》るを以て、結局選挙人の手に入る所は存外の小額に止まること多し。余輩の聞く所に依れば一票の代金三円（一万一〇〇〇円）乃至《ないし》五円を以て通常とし、稀には十円乃至十五円に到ることあるも、選挙人の手に入るは其の半額若《もし》くは僅《わずか》に三分一に過ぎざること多」いという。また表にはないが、第七回総選挙以降から「利益」という項目が登場する。これは明治三十三年（一九〇〇）の衆議院議員選挙法改正によって「選挙人又は其の関係ある社寺、学校、会社、組合、市町村等に対する用水、小作、債権、寄附《きふ》其の他利害の関係を利用し選挙人を誘導」（第八十七条）した場合も違反となるという新たな規定ができたので、これに対応したものと思われる。

その他の違反行為

第二グループの「選挙の自由」はすでに前章で触れたので、ここでは細かい説明は省略する。要するに、職権・脅迫・暴力によって有権者に対し特定の投票を強要するような行為、凶器を携帯して投票所に入場する行為、「多数集合して選挙人等の身体財産に危害損害を加へ、又は交通通信の便を妨げ、選挙管理者を襲撃し、又は投票所を騒擾し、投票函の安全を害し、其の他選挙区一般の安寧を妨害する」ような集団的行為、あるいはポスター等に対する妨害行為などである。

第三の「選挙の真正」に反する事項もやはり説明は要らないであろう。「選挙人名簿不実記載」（「納税額、年齢等、選挙人若くは被選人に必要なる資格を詐称し、選挙人名簿に記載」された者）、「無資格投票」（「選挙権禁停止中の者」）、「氏名詐称」（「他人の氏名を詐称し投票」する者）、「詐欺投票」（投票人が病気事故で棄権することを知って替わりに投票したり、字が書けない投票人の替わりに虚偽の代書をしたり、真票を偽票と入れ替えたりする者）、「虚偽事実公表」（「虚構の浮説《ふせつ》流言《りゅうげん》を放ち、又は虚構《きょこう》の広告、引札《ひきふだ》（ちらし・ビラ）、張札《はりふだ》（ポスター）を為し、選挙人を欺《あざむ》き他の候補者に投票せしめんとする」者）などである。また、第二回総選挙では「候補者の氏名を大書したる高札を路傍に建」てた者が違反となっている。当時はこれも不正行為に該当したのであろう。

誓約書に署名する有権者

ところで、最も多い買収はいかなる場面でなされるのだろうか。このことを、選挙運動のやり方に即してみていこう。

この時期の運動方法をごく簡単に紹介すれば、まず第一段階は候補者の選定である。前述したように、当時は各郡に小政社（郡のほとんどの人間をカバーする場合もあるが、一郡内に数団体出現する場合が多い）が族生し、それらが選挙母体となっていた。これらは最終的には自由党など大政党に収斂《しゅうれん》していくことになるが、この時期ではいまだそのほとんどが単独で当選者を出すだけの力はなかった。そのため、彼らは合従連衡《がっしょうれんこう》しなければならないのだが、その方法としては有力者たちによる話し合いや、一同が会しての予選会での話し合いまたは投票という形をとった。話し合いの場合は、つぎの選挙では貴郡を応援するから、今回は我が郡の候補を応援してほしいというような輪番制《りんばんせい》で落ち着くことが多かった。

第二段階は体制作りである。選挙本部をまず設置し、さらに自派が優勢な地域を中心に数ヵ所の支部を置いた。そして、その支部の下に各村ごとに一名の委員長を指名、その委員長がさらに大字単位で選ばれた数名の運動委員を指揮するというものであった。

第三段階が実際の運動になるが、候補者や運動委員が手弁当で人力車・馬車、あるいは徒歩で村から村へと巡回し、演説・戸別訪問を繰り返すのだが、こうして支持を得られた場合は各有権者から連判の承諾書に署名捺印してもらうことになる。この承諾書は、前近代の一揆連判状《いっきれんばんじょう》のような重い意味を持っていた。とくに、第一～六回総選挙では記名投票方式が採用され、開票の際には立会人中より選ばれた選挙委員が一票ごとに、投票者自身の氏名と誰に投票したかを朗読することが衆議院議員選挙法施行規則によって定められていたので、承諾書との異動はすぐ明らかになり、異なった場合は村八分のような深刻な事態を招きかねないので、確実な票読みが可能であった。

最後の仕上げの第四段階として、承諾が得られれば「贈物をなし、又は選挙者を集め酒宴を開く」という違反行為になる（伊藤隆・坂野潤治「杉田定一・坪田仁兵衛関係文書にみる明治二十年代の選挙と地方政治」『社会科学研究』一七―一、一九六五年。藤井徳行・石川芳己「兵庫県における第一回総選挙」『選挙研究』八、一九九三年）。

具体的に見よう。実際に検挙された例として、第一回総選挙の際、広島県では候補者豊田維徳（落選）を当選させるべく、H（以下、候補者以外で行論上とくに必要のない場合はイニシャルとする）からカネを受け取ったKは知り合いのYのところに行き投票を依頼した。その際に当選したならば五十銭を与えることを約束し、半紙四つ切の罫紙に「Y」の氏名を記して調印させ、内金として二十五銭を渡したという。

平田奈良太郎は、買収は「全国各地に於《おい》て行はれた。併《しか》しその方法は最も幼稚なるもので、個人的買収即ち候補者自ら買収を為し、又は其の親戚知人を辿つて買収運動を依頼するといふ状態であつた。且《かつ》交通が不便であつた為、今日に於けるが如く選挙区全般に亘《わた》るといふ様な事」（平田『選挙犯罪の研究』）もなかったと指摘しているが、その親族や有力後援者が縁故を頼って段々に末端の選挙民に接近していくというのが、当時の一般的な方法であった。

「多分に順ずる」

つぎは、検挙されてはいない事例を取り上げる。伊藤克司氏は、岐阜県の阿子田積《あすだかさね》の日記を利用して詳細な事例を紹介しており、そのなかからまず第二回総選挙の場合を以下に掲げよう。なお、阿子田はごく普通のノンポリの地主有権者であり、この時はじめて選挙権を持つことができた。

一、吏党系候補者高木郁助の親類Mより、阿子田と同じ村に住む運動人Nに依頼があり、Nはすでに同村有権者十八名中十二名の支持を取り付けていた。

二、明治二十五年一月二十日、Nが阿子田宅を訪れてその事実を告げ、阿子田にも支持を依頼したところ、阿子田も「多分に順ずる目的」により、すなわち村の多数に同調して「当家も別に異存無」しと答えた。

三、一月二十五日、候補者が支持者を集めて懇親会を開催する旨をNが伝えてくる。しかし、阿子田はそれを辞退したところ、翌日になって料理が阿子田宅に届けられた。

四、一月二十八日、別の自由党系候補者より同村に住むKを通して同村の有権者たちに投票の依頼があった。そこで、同村有権者十八名全員が集まり、そこにその自由党系候補者から酒肴が持ち込まれた。結局、「一旦調印迄いたし請合《うけあ》」ったので「今さら意見を違《たが》へ候ては不人情」とのことで、すでに吏党系候補者支持の承諾書に署名した十二名はその候補に、その他は自由党系候補に投票することを確認した。

五、二月七日、Nより候補者名を印刷した名刺が届けられた。これは、投票の際に名前を間違わないようにするためのものである。
六、二月十五日、選挙当日であるが、Nは阿子田宅に、高木に投票したか否か確認に来たが、阿子田は病気で棄権したことを告げた。高木は圧倒的多数で当選した。
厳密にいえば、このうち三および四は饗応の罪に該当するだろう。阿子田自身もNの行動に「罪悪」が含まれることを認識しており、それゆえに良心から棄権したのかもしれない。しかし、次回以降はむしろNに従うことが多くなった。明治二十四～明治末年まで阿子田は合計二十三回（県議選も含む）の選挙の有権者となったが、そのうち十六回はNから投票依頼が舞い込み、十四回はその通りに投票し、またNが依頼した候補者は十四人当選したという。その過程では、いま述べたような形の選挙運動が行なわれたであろうし、さらに当選した場合には当選祝いの金品が阿子田宅に届けられたという。これも勿論、買収の罪になる。

伊藤氏は「確かな眼力で当選確実な候補者を選定し、根廻しをしてその候補者支持の村内多数派を形成した」うえで、阿子田のように比較的政治に淡泊な有権者を誘導することによって、ほとんどの選挙で勝つことができたと述べている。ただし、阿子田もいつも唯々諾々《いいだくだく》としてNに誘導されたわけではなかった。阿子田の元には他の運動人からも投票依頼がしばしば舞い込んでおり、場合によってはNに従わなかった。つまり、彼も彼なりに主体的な選択を行なっていたのだが、結果的にはおおむねNと同じであったということであろう。そして、その同じ傾向となった要因は「多分に順ずる」という点にあったと思われる。

前述したように、もし「一町村の人民各自治の団結を為し」ていくとすれば、それはここでいう「多分に順ずる」ということであり、この阿子田の場合も該当しよう。そして、その過程でしばしば贈り物、酒宴、そしてカネが介在したことをみれば、それら買収行為はまさしく団結への潤滑油ということになる。

ところで、十八人中六名は反対派に投票することにした。これはどういう意味だろうか。史料からみる限り、ここには両派のあいだに鋭い対立はない。むしろ、どちらが当選してもよいように、ムラの合意のうえで票を振り分け保険を掛けているのではないかという想像もできる。前述の宮崎県のように村内対立が激化している場合と異なって、このようなところでは、票を振り分けることによってムラの安泰を図ることも団結であったのかもしれない。

さて、このような買収にも明治三十年（一八九七）ごろより徐々に変化が生じてきたという。第一は、それまで行なわれていた当選後の祝賀会がなくなり、替わりに金品が届けられるようになったことである。

「重立たる者」たちの形成

第二は、より興味深いのであるが、「重立《おもだち》たる者」たちの形成である。彼ら有権者は選挙があればいつも集まって「団結を結び」一致の行動を取るよう心掛けたが、明治四十年（一九〇七）に村の井水問題が発生した際にも「有増《あらまし》県会議員撰挙権を有する者丈《だ》け集会之上にて、如何掛合《いかなるかけあい》も一同協力して事を為す」との決定を行なっている。つまり、票を振り分けるような間柄の「重立たる者」たちと一般農民のあいだに一般の問題でも分離が生じたのであり、その契機は選挙権の有無であったのである。この点で想起されるのは、櫻井良樹氏が指摘した公民団体という存在である。氏は東京市の事例を紹介しているが（『帝都東京の近代政治史』日本経済評論社、二〇〇三年）、公民とは選挙資格を持ち、一方で税金を払うだけではなく自治体の名誉職に就任することが義務づけられ、自治体を担わなければならない人々を指す。

東京市ではすでに明治二十年代から公民団体が活躍しているが、このような公民なる意識を持ち込んだのは、明治二十一年（一八八八）制定の市制町村制であった。ここでいう「重立たる者」がそのような公民意識を共有していることは明らかであろう。とすれば、市制町村制で期待された公民が、阿子田の村では明治三十年代から機能し始めたということになる。

この背景には、前述の積極主義的志向があった。明治二十年代を通して地域社会では強い地方利益欲求があったことは有泉貞夫氏らによって明らかにされているが、前述の第二回総選挙でみたような激しい村での騒擾が一段落し、日清戦争ごろからは村でも殖産興業の名の下で産業化への志向が強まる。彼ら「重立たる者」たちはそのリーダーとしてふたたび村内の主導権を握るようになったと思われる。おそらく、こうして日清戦後からムラの団結が急速に形成され、かつその中心として公民が機能するようになったのだろう。

競争的買収

さて、以上の例は「多分に順ずる」方向での買収であったが、買収が行なわれるのはなにもこのような場合だけではなかった。今度は明治二十五年（一八九二）に行なわれた埼玉県会議員選挙の例である（久富博之「明治初期議会期の選挙と地方利益」『選挙研究』一九、二〇〇四年）。

S候補の票のとりまとめは、やはり大字単位で行なわれ、例により支持を約束した有権者には、鰹節《かつおぶし》などの贈り物、弁当料という名目の金銭、そして選挙事務所の上の二階を宴会場としての連日の饗応などが行なわれた。ところが、投票五日前になってライバルのM候補が買収によってS候補の地元まで攻勢を掛けてきたため、状勢は一挙に悪化した。

そこでS候補は、地元はもちろん、いまだ態度が明確でなかった中立の村にも積極的に買収攻勢をかけることにした。その方法はこれまでと同様であったが、今度は酒席に女性もついた。このため、それまでの一ヵ月間の費用が約六百円（四〇〇〇万円）であったのに対し、この五日間は七百三十円（四八〇〇万円）かかってしまったという。接戦の競争になった場合、とくに中立的な地域へは派手な買収攻勢が行なわれ、買収費用も高騰するのであった。

この買収額の差に関して、面白い新聞記事がある。明治二十三年（一八九〇）五月二十九日付『松江日報』に掲載された広告記事であるが、このたび我が「国会議員周旋会社」では一方で議員希望者の希望をかなえ、他方で貧民に慈善を施す意味で本社が買収を斡旋《あっせん》するというもので、一票十円（七万五〇〇〇円）以上ならば必ず請け合ったという捺印《なついん》を付けて「はずれ」なし、五円ならば捺印なしの請合書のみ、三円ならば書面もない危うげな半請け合い、酒池肉林の大饗応ならば「一票を投じるよ」という掛声を進上、菓子折一箱では「一票が出来ました」という噂を差し上げるというものであった。もちろん冗談であるが、金額の多寡《たか》で買収の確実度が変わるのも確かだろう。

名望家と公民と国民

日露戦後から昭和初期の政党化

政党化と買収事件の多発——第一次世界大戦以前

明治二十年代から三十年代初頭（一八九〇年代）の地域社会の激動は、ムラの団結、郡の団結という形で収束した。その結果、地域社会にムラ・郡という確かな根幹が形成されたのである。この意味で民党の「地方主義」は勝利を得たのだが、つぎの課題はそれをいかに県・国家へと積み上げていくかにあった。

したがって、このⅡ期（第十〜十七回衆議院議員選挙〈総選挙〉、日露戦後〜普通選挙実施・政党内閣）の特徴は、町村から国家にいたるこのタテのチャンネルを巡る攻防となる。そもそも、このチャンネルを創り出したのは中央集権をめざす藩閥官僚勢力であり、彼らはこれを通じて中央から地方へ殺到しようとしていた。徴兵制《ちょうへいせい》・在郷軍人会《ざいごうぐんじんかい》など、陸軍も同様にこのチャンネルを利用していく。「地方主義」はこれに対抗しえたのであろうか。

結論的にいえば、政党対藩閥政府という点では政党が勝利したのであるが、「地方主義」対中央集権という意味では敗北した。そして、その要因は官僚勢力の強さだけにあったのではなく、むしろ政党そのものにあった。また、その敗北の慰労金がわりに買収という形でカネがばらまかれることになり、それゆえにこの時期は買収事件が多発するのであった。しかも、買収は団結をなしていたムラ・郡を単位として行なわれることが多かったため、一件あたりの検挙者数も多数にのぼった。詳しくみていこう。

まず、実際に検挙された具体的例を、平田奈良太郎『選挙犯罪の研究』からとりあげる。

町村長一体の買収

大選挙区制で行なわれた明治四十五年（一九一二）第十一回総選挙において、三重県で大きな買収事件が発覚し、当選者梅原亀七《うめはらかめしち》は自身も犯罪に関与していたため議員資格を失った。大選挙区制度（第七～十三回）とは独立選挙区となった市部を除くすべての郡部を全県一区とする制度で、人口十三万人に一名の割りで定員が与えられたので県により定員数が異なるが、三重県の場合は七名であった。

この事件について説明しよう。第七回総選挙（明治三十五年）で、阿山《あやま》郡長であった八《や》尾信夫《おのぶお》がM・Y・Kなどの支持で同郡町村長、郡会議員を糾合して当選したのだが、第八回（明治三十六年）には有力なライバルが現れ、カネのない八尾はM・Y・Kから無理に三千円（現在の九一〇万円）の借金をして戦ってはみたものの落選、借金だけが残った。そこで翌年の第九回選挙でM・Y・Kは、大阪の全国的実業家大井卜新《おおいぼくしん》に対し、一票一円五十銭（四五〇〇円）として四千票分で六千円（一八〇〇万円）、八尾の借金肩代わり分三千円、選挙運動事務費三千円、合計一万二千円の出金で当選させると持ちかけ大井も了承、みごと当選し、大井は政友会《せいゆうかい》に入党した。第十回選挙（明治四十一年）でも、一票三円（一万円）ずつの買収費および五十円の投票取りまとめ料を得た阿山郡内の町村長・郡会議員たちの一致した運動の結果、大井は再選を果たした。

さらに第十一回（明治四十五年）は、隣の名賀郡《なかぐん》県議Sが株式仲買人として巨万の富を築いた大阪の梅原亀七に、買収および投票とりまとめ料として合計一万五千円（四五〇〇万円）で話を持ちかけ梅原も承知、それを聞いた大井は出馬を諦めた。そのため阿山郡の県議Mは同郡村長らを集め、名賀郡に歩調を合わせて梅原を支持することを諮《はか》り、承諾を得ると梅原の元に出かけ、前回と同じ金額ならばあなたを支持すると申し込んだ。梅原もそれを受け入れたため、ふたたび阿山郡村長らを招集して協議、一部反対者もいたが結局大勢が賛成したため、Mは名賀郡Sへの前記一万五千円のうちから一万五千円を分けてもらった。これは一票三円（五四〇〇円）の買収費、村長への取りまとめ料（一人百〜二百円くらい）ということである。

表7　第7～11回三重県阿山郡・名賀郡の投票結果

		阿山郡 a	名賀郡 b	全郡合計 c	(a+b)/c	備考
第7回	八尾信夫 d	2037	70	2275	93%	5位当選
	他候補合計 e	1019	2047			
	d/(d+e)	67%	3%			
第8回	八尾信夫 d	1678	186	1977	94%	8位落選
	他候補合計 e	1243	1932			
	d/(d+e)	57%	9%			
第9回	大井卜新 d	2219	538	2976	93%	2位当選
	他候補合計 e	204	1019			
	d/(d+e)	92%	35%			
第10回	大井卜新 d	2686	834	4275	82%	5位当選
	他候補合計 e	1340	2077			
	d/(d+e)	67%	29%			
第11回	梅原亀七 d	2322	1762	5551	74%	2位当選
	他候補合計 e	1503	973			
	d/(d+e)	61%	64%			

　表7をご覧いただきたい。阿山郡の村長が集まって協議したとしても、郡内すべての票数を得られたわけではなかった。しかし、とにかく三重県全十五郡のうち一郡で六〇％以上、もう一郡で三〇％獲得できれば当選可能であった。ある意味では、これこそムラの団結、郡の団結の成果であった。この団結を県議や町村議員らが主導してカネに換えていったのである。もっとも、これが官憲の知るところとなり、合計十九名が有罪判決を受けた。

　同様の手口であるが、第十一回総選挙での広島県政友会湯浅《ゆあさ》凡平《ぼんぺい》派は、これまで「各町村長に於て万事に関係し一致の歩調を採つて来た」双三郡《ふたみぐん》を舞台に買収を実行、なんと百八十五名が裁判に掛けられている。なお、湯浅凡平は同郡で千五百六十九票を獲得、それは同郡全体の七〇％にあたり、初出馬ながら当選を果たした。

五百人の犯罪

もうひとつ、やはり第十一回で検挙された島根県の例である。大原郡《おおはらぐん》では政友派小川蔵次郎《おがわくらじろう》と中立派島田俊雄《しまだとしお》が争っていたが、小川の有力後援者で郡会議長Fと、島田の後援者で郵便局長Kが談合し、ともに買収は一票一円（一八〇〇円）とし斡旋した運動者には一票二十銭の取りまとめ料を支払うこと、地盤協定を結び小川が三百票で島田は五百票とすることを決め、さらに各町村有力者とも話がつき、買収費一円は弁当料として支払うことになった。この協定は、競争が激化し買収費用が高騰することを恐れた両派の妥協から生まれたものであった。

しかし、ことが露見し、運動者四十四名が有罪判決を受ける結果となった。じつは、収賄者である有権者四百五十五名も自首してきたのであるが、有力者によって圧力を受けた者もいるとの理由から起訴猶予となった。なお、同郡での投票結果は小川百七十一票、島田六百二十一票で予定とは異なるが、ともに当選を果たし、かつ失権することもなかった。

なお、島田は以後、第二十一回総選挙（昭和十七年）まで九回の当選を果たし、犬養毅《いぬかいつよし》内閣の法制局長官、米内光政《よないみつまさ》内閣の農林大臣、小磯国昭《こいそくにあき》内閣の農商大臣をつとめ、衆議院議長にもなっている。

大選挙区制度下の選挙過程

この買収を選挙運動の面からみてみる。大選挙区制度下でも、独立選挙区になっている市部のほとんどは、それまでの小選挙区と変わらなかったが、郡部の場合はさまざまな調整が必要となり非常に複雑となった。そして、調整には政党の介入が必要となり、その結果、政党の力は増大することになる。ここでは第十三回総選挙（大正六年四月二十日）の福岡県政友会、とくに筑後《ちくご》地方のケースを紹介する。時の内閣は寺内正毅《てらうちまさたけ》内閣で政友会は内閣に対し好意的中立、福岡県郡部は定員十名で政友会の金城湯池《きんじょうとうち》であった。

一、前議員の公認

三月五日、政友会福岡県支部評議員会が開催され、とりあえず前議員七名の公認を決定した。

二、候補者数の決定

三月十五日、同支部幹部評議員会が開催され、今回は内閣の援助も期待できるので、ギリギリではあるが、八名立てることを決定した。そして、従来通りに全二十二の郡（市）を八名にそれぞれ地盤として割り振るのであるが、福岡県の場合は筑前《ちくぜん》、豊前《ぶぜん》、筑後という三地域にまず分けており、筑後には三人が割り当てられた。

三、地盤割り当て

筑後地方の候補者の野田卯太郎《のだうたろう》、吉原正隆《よしはらまさたか》、樋口典常《ひぐちのりつね》は、郡の割り当てについて相談した。地形、人情を勘案し、これまでは山門《やまと》・三池郡《みいけぐん》、八女《やめ》・三井郡《みいぐん》はセットで扱われてきたが、浮羽郡《うきはぐん》と三潴郡《みずまぐん》は流動的であった。結局、野田が山門・三池、吉原が三潴、樋口は浮羽・三井・八女となった。

四、地盤割りの調整

吉原が、これでは基礎票が足らないと不満を洩らしたので、樋口の浮羽から百票ばかりを吉原に回すことにした。しかし、野田を推したかった浮羽郡は樋口を執拗に拒否したため、結局浮羽は野田のものとなり、野田の山門から樋口に五百票、浮羽から吉原に百五十票を回すことにした。これが四月二日である。

五、推薦

つぎは有権者による推薦であるが、吉原の場合は三月二十九日、郡会議事堂にて郡内各町村より五名以上の代表者が出席し、衆議院議員候補者予選会を開催、出席者百二十余名はまず一町村より二名ずつの詮衡《せんこう》委員を選び詮衡委員は別室で協議、予定通り吉原推薦に決し、本会に移って満場異議なく吉原に決定した。

六、政見発表

吉原の場合は、四月二日に新聞紙二頁大の宣言書を各有権者に配布、樋口は「我敬愛せる選挙有権者諸君へ直訴す」という小冊子を配布した。政党公認候補の場合は政党本部が作成した小冊子「議会報告書」を政見として配布することが多い。

七、選挙事務所の設置

三候補とも自分の地盤である地域に、一〜二の選挙本部事務所、数ヵ所の支部事務所を設置、また町村ごとに数人の個人宅を借り末端の事務所とした。

八、演説会開催と戸別訪問

野田の場合は四月九〜十八日のあいだに、選挙事務所を置いた場所をぐるっと二巡する形で各地で演説会を開いた。その場合、それぞれの区域の地元の現あるいは前の県議・町村長・町村議が付き添い演説をした。そして、戸別訪問も行なわれた。ただし、野田の場合は政友会幹事長という職にあり、地元にいる期間は他候補よりも短かった。

九、地盤協定の破棄

投票日二日前の四月十八日、野田は自分の得票に不安を感じ、四での約束を反故《ほご》にした。これに怒った吉原、樋口は「自由行動」を取ることになり投票日を迎えた。

地盤協定と自由行動

以上が概略である。この時期の大選挙区制下の選挙戦術も、買収と同じようにムラ単位・郡単位での獲得票を基礎にして組み立てられていたが、その特徴は地盤割りと票の貸借にあった。しかし、同時に九でみられるように最終盤での地盤協定の破棄→「自由行動」も、ほとんどの選挙で見受けられることであった。換言すれば、地盤協定という、不満を内包しながらの合意＝コンセンサスが、最後に破綻するのである。

ただし、これも興味深いことであるが、毎回繰り返されるこのような行動が引き金となって福岡県政友会が崩壊することもなかった。おそらく野田は、次回選挙の時か、あるいは別の形で吉原らに借りを返したと思われる。つまり、長期的な利益、換言すればもっと大きな合意が優先されたのであろう。

さて、この地盤割りおよび票の貸借であるが、これこそが政党支部の重要な役割であった。政党支部はこの協定作成に積極的に関わり、かつその監視も務める。そして、場合によっては党本部の要請にしたがって、地元に対し他地域出身の候補者の斡旋すらも行なった。そこで、今度は少し政党に目を向けてみよう。

大選挙区制度下の期待される代議士像

伊藤博文《いとうひろぶみ》が明治三十三年（一九〇〇）に立憲政友会《りっけんせいゆうかい》を創設し、さらにそれを原敬《はらたかし》が政権担当可能な大政党に作り上げていく過程はよく知られている。他方で、大隈重信《おおくましげのぶ》・桂太郎《かつらたろう》・加藤高明《かとうたかあき》らを党首に仰ぐ憲政本党《けんせいほんとう》・国民党《こくみんとう》・同志会《どうしかい》・憲政会《けんせいかい》・民政党《みんせいとう》というグループも同じく組織的体制を次第に整えていった。こうして、彼らは徐々に官僚勢力からも評価され政権に近づいていったが、その過程で彼らが重視した課題のひとつに、代議士資質の向上があった。優れた人材を集めることによって政党の力を高め官僚を圧倒するとともに、ライバル政党にも打ち克《か》とうというわけである。

では、優れた人材とはどのようなものかといえば、それは升味準之輔《ますみじゅんのすけ》氏が強調したような中央人種である（『日本政党史論』全七巻、東京大学出版会、一九六五〜八〇年）。高級官僚・大物財界人など全国的に名の知れた者たちで、そんな彼らが生まれ故郷に戻って党員となり代議士となって政党に貢献するとともに、自らも大臣の椅子を狙う。大臣の椅子まではわからないが、さきに登場した「輸入候補」といわれる大井卜新《おおいぼくしん》や梅原亀七ら大阪大物財界人も、この中央人種に含めることができよう。この時期にはこのような中央人種が全国的に増加していく。

そもそも明治三十三年に衆議院議員選挙法が改正され、大選挙区制度が採用されたこと自体、中央人種が選出されることを期待したものであった。それまでの数郡で構成される小選挙区制度は、その地域から立派な人物をいぶり出すことが目的であったことは前述した。確かに、人格・識見ともに立派な人物たちが選ばれたのであるが、残念ながら大所高所から国家全般に目が行き渡るような者が乏しい、というのが藩閥官僚たちの感想であった。そこで選挙区を広くし、したがって広い範囲での知名度が高く視野も広いであろう人物が選出されるようになれば、国政運営が円滑になるのではないかというのである。

しかし、すでにムラや郡でできあがっていた地域の団結も無視しえないものとなっており、選挙ではいくら中央で名を馳せた官僚や財界人であっても、あまり意味を持たなかった。そこで、有力な中央人種を糾合《きゅうごう》して政権を取ろうとする党本部としては、政党支部に対し中央人種を紹介し、既存の地盤にはめ込もうとしたのである。

さて、本書にとって重要なことは、それが隣の郡出身の候補を支持する場合でも、あるいは中央人種である「輸入候補」でも、よそ者に対し郡・ムラをあげて投票する際には、そこには何らかの謝礼（買収）が介在する可能性が高いということである。おそらく、この時期には、このような形の買収が多かったものと思われる。

選挙費用の増加と公認料

さて、もうひとつ、政党の地位向上にとって重要な役割を果たしたものに公認料がある。政党本部が公認候補に対し選挙資金の一部を提供することであるが、この背景についても説明しておこう。

候補者の選挙費用に関しては、上山和雄『陣笠代議士の研究』が貴重なデータを与えてくれる。氏がこの書物のなかで対象としたのは、山宮藤吉《やまみやとうきち》という神奈川県郡部の代議士で、島田三郎《しまださぶろう》という中央人種的有名人の下で働く典型的な「陣笠代議士」＝地方人種＝地方名望家であった。彼の収入は、小作料収入、養蚕収入、農民への小口貸付から得られる利子収入、そして地方銀行の役員報酬で、それほど多くはなかった。しかし、政治活動には熱心であり、県会議員を経て第十一回総選挙（明治四十五年）、第十二回総選挙（大正四年）に当選、第十三回総選挙（大正六年）で落選するが、第十五回総選挙（大正十三年）で復活する。さて選挙費用であるが、最初の第十一回では総額六千円（一〇九〇万円）、そのうち自らの資金と同志からの寄付合わせて千円、親類からの借入れが五千円であった。

県議選など以前からの選挙で、山宮には自由になる資産がそれほどなかったようである。そして、この時までは党の公認料などなかったため、親類からの借入れに依存しなければならなかったのであった。しかし、第十二回の大隈内閣下での選挙では、個人の負担千円（三五〇万円）、親類からの借入れ二千円、そして公認料五千円合計八千円（二八〇〇万円）で選挙を戦っており、それまであった同志からの寄付はなくなっている。なお、候補者側から提出された公式の書類によって算出されたこの時の全国平均額は八千百五十八円であった（表8「平均選挙費用額」）。とんで第十五回では、自分と家族による調達が数千円、借入れ金四千円、公認料数千円（加藤高明総裁負担によるもので、候補によって異なり二～七千円程度であった）で合計一万円（一〇〇〇万円）とちょっとであったと

表8　平均選挙費用額（内務省調査）

	当時の金額	現在の金額
第12回	8158円	2800万円
第13回	8494円	2100万円
第14回	2万4248円	1800万円
第15回	1万9829円	2000万円

『花井卓蔵文書』より．

いう。

一般的に選挙費用は第一回（明治二十三年）が約千円（七五〇万円）であったが、それが約五千円（第七回、明治三十五年、現在では一五〇〇万円）、八千円（第十二回、二八〇〇万円）、二万円（第十五回、二〇〇〇万円）と変化していく。そのうち、一定の部分が買収に使用されたことは間違いない。山宮派運動員も買収で検挙されたことがあった。そして、第十二回総選挙以降ではその半分くらいは党の公認料から出されたことになる。つまり、党の総裁が個人的に工面したカネ、これは多くの場合、全国的な財閥《ざいばつ》や都市実業家・金融家から譲られたものであるが、それがムラの有権者にばらまかれたのである。

以上の結果、中央の政党の意向が徐々に地域に浸透していった。これは政党化といわれている。この時期では、政党化は中央化と同じであった。この意味で、政党化はムラから上へと向かう「地方主義」と真っ向から対立し、それを圧倒していくのである。しかし、そのために政党本部は地方に代償を支払わなければならなかった。

買収の特徴

平田奈良太郎『選挙犯罪の研究』には、この時期の買収の特徴としてつぎのように書かれている。

智能的の犯罪が目立つて来て、買収は系統的潜行的に府県会議員、市町村会議員等の名誉職員、有力者によつて行はれ、物品よりも金銭による買収が主となつて来た。選挙の回を重ぬる毎《ごと》に政党政派の競争は益々《ますます》熱を加へ、第一党たらんとして互《たがい》に其の手段を選ばず自党の候補者の当選率を増加せんが為に、或は公認料等と称して各候補者の運動資金を与へ、競争の激烈なる地方に於ては一候補者に対して数万の巨額をさへ抛擲《なげう》つたのである。又所謂《いわゆる》選挙ブローカーなるものも各地に抬頭《たいとう》し、次第に跋扈《ばっこ》して全国に蔓延し其の買収を助けて私腹を肥やすに至り、選挙界腐敗、選挙廓清《かくせい》の名は漸《ようや》く政治家、教育者間に高くなつて来たのである。

中央の二大政党に沿う形で、党本部→代議士→県議→町村長・町村議と系列化が進行し、それが買収の動きと連動している様子がここでも窺われる。ここで、さきほどの具体例も含め、この時期の買収の特徴を本書なりにまとめておこう。

第一は、中央から地方へと、買収資金も人＝中央人種も動いたことである。しかも、それが政友会と非政友会系政党という二大政党の形をとったため、県議・町村長・町村議も二つに系列化された。この二大政党という形態は、地域間の発展競争とも結合していたので地方にも浸透した。よく指摘されるように、中央からさまざまな地方利益を引き出すことによって、各地域は周辺他地域よりも早く発展しようと務めていた。それは、県・都市・郡・町村など各レベルで起こるが、その競争が二大政党化への一つの有力な誘因となっていたのである。

第二は、そのカネを受けて買収に主導的に動いたのは、県議をボスとする町村長・町村議らの地方名望家クラスの地方議員であり、それを受容したのが公民（「重立たる者」）であったことである。「ムラの騒擾と団結」のところでみたように、彼らはムラ・郡での団結を固めていたのであるが、この時期では中央の二大政党による系列化によって、彼らも政友会派と非政友会派に次第に二分されていった。しかし、それは明治二十年代中期のようなムラを二つに割るような深刻な対立ではなく、むしろどちらに転んでもよいように対応した結果という側面も有していた。

ムラの二分化の意味

この時期に政友会が鉄道・道路・学校・病院など、公共施設の建設という地方利益を積極的に地域に提供していったことは有名であるが、そもそも積極主義を最初に主張したのは藩閥官僚側であった。そして、彼らに支援された吏党系候補者たちも政友会候補者以上にこのことを主張していた。そして、これら「ハコ物」の建設・運営に主体的に関与できるのは公民たちであり、そのため、一方に偏して選挙で負けた場合に彼らの被るマイナスは大きかったといえよう。したがって、二分化されたといっても、他方で郡・ムラの団結はより大きな観点からは依然として維持されていたと思われる。

また、このような場合、当然のことながらムラのためには強い候補に付いた方が得策である。とすれば、誰からでも買収を受けるというのではなく、優勢な候補から受けるという選択が比較的多かったものと想像される。

しかし、だからといって一般のムラ住民を無視したのでは、再び明治二十年代中期のような騒擾が起こる可能性も考えられた。周知のように国家は、税金・徴兵をはじめさまざまな形で国民が嫌がることも押し付けてきた。したがって、第三に、ムラ住民には何らかの利益を与えて納得させなければならなかった。その方法はなにも地方利益に限らず、たとえば祭礼の際の寄付などもあろうが、とにかく最前線に立って住民を説得するのが公民たちであった（図8参照）。

さらにいえば、住民の意向を無視できないという意味では選挙も同じであった。本書冒頭で記した第十二回総選挙（大正四年）での富山県の例をみればわかるように、選挙権のない青年たちは演説会に多数詰めかけて熱心に聴くだけでなく、選挙違反を監視するという目的で選挙運動に積極的に参加し、選挙自体非常に熱を帯びたものであった。このような熱を無視した一部有権者のみで独断的に投票することは難しかったであろう。

図8　中央と地域の関係図（2）

政党化（明治中期～昭和初期）

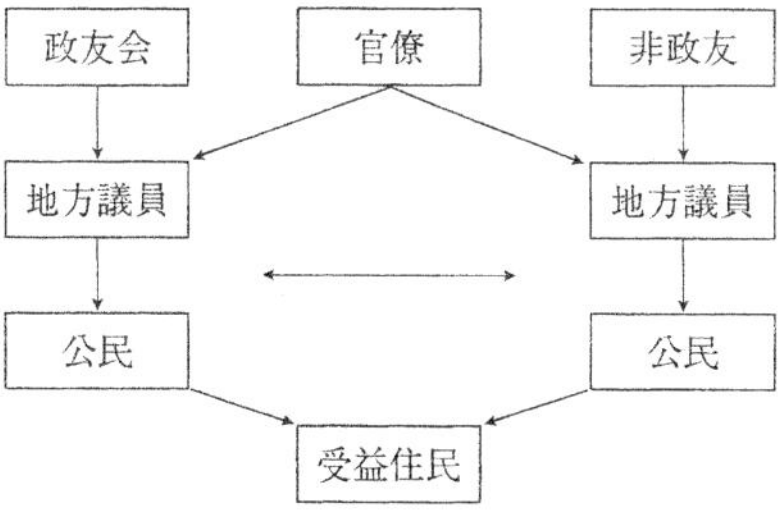

ただし、選挙戦の激しい対立もどことなく遊戯的であり、さきほど述べたようにそれほど深刻とは思えない。つまり、青年たちもムラの大きな団結のなかに包摂されていたと思われる。おそらく選挙は平和な農村での一時的興奮でもあったのだろう。もっとも、この平和な農村も第一次大戦直後の小作争議《こさくそうぎ》の頻発《ひんぱつ》の頃から大きく変わっていくことになる。

投票を代理する公民

さて以上から、つぎのような構図がみえてくるのではないだろうか。つまり、中央の政党は熾烈《しれつ》な主導権争いを繰り広げ、彼らによる上からの政党組織化はいわゆる「名望家秩序」の形成という形をとり、その末端は全国民の二～五％に相当する公民であった。そして、その系列化された名望家・公民は、中央から配分されるさまざまな地方利益や買収資金をムラ住民にちらつかせながら、どちらがより多くの支持を得るかを競っていたのである。また中央官僚機構の地方支配も、末端ではこれら名望家・公民に依存していた。なぜなら、一般国民を説得し国家に協力させるのも彼らだったからである。したがって、どちらにしても国家と国民をつなぐ結節点は名望家・公民であった。

しかし、ムラの内部では概して平穏であった。彼らの関心は中央からいかに多くの地方利益を引き出すかにあり、むしろ一方に偏して取り残されることを避けることが重要であったのである。

また、興味深いのは、選挙権のない末端の村人までもが運動や買収（取締）行為に参加していたことである。さらにいえば、このような関係のなかでは、公民たちが村人の意向を無視して投票することも不可能であっただろうということである。極端な言い方をすれば、彼ら公民は、アメリカ大統領選挙において国民の代理人の役割を果たす、選挙人団のような性格をも持っていたのではないであろうか。

従来の研究では、この時期の特徴として、しばしば「名望家秩序」という表現が使われる。確かに、名望家たちが結節点になっていたことは重要であるが、それはムラの団結とその支持によって機能していたのであり、あたかも名望家がムラを支配しているかのような意味であれば、違和感を感じざるをえない。

理想選挙と選挙運動の変容

理想選挙の産声

これまでみてきたように買収事件が広域化、大規模化し、検挙者数が増加する傾向に対して、その是正を求める動きも日露戦後期から起こってきた。それが理想選挙運動である。嚆矢《こうし》は、明治四十四年（一九一一）十月に実施された東京市の衆議院議員補欠選挙で、民党主義を旗印にする記者グループの火曜会《かようかい》が「理想的選挙を行はんが為め」に「憲政の神様」犬養毅《いぬかいつよし》の右腕といわれた古島一雄《こじまかずお》候補を推薦したことであった。実際に古島は買収には手を染めず、買収目的以外で五千円（一二〇〇万円）を使い、三千五百票を獲得して当選した。

これに気をよくした火曜会をはじめとする浪人会《ろうにんかい》・政教社《せいきょうしゃ》・理想団《りそうだん》・丁未倶楽部《ていびくらぶ》・東《とう》西南北会《ざいなんぼくかい》・国民党代議士ら千名は、同年十一月二日、東京日比谷公園松本楼《まつもとろう》に会合し「本会は理想選挙同盟会と名づけ、各団体及び個人の聯結《れんけつ》より成り、理想選挙の実行を以て目的とす。本会は本部を東京に置き支部を各府県に置く。本会の組織は各団体の代表者及び其他の有志者と諮《はか》り、其宜《よろ》しきに随ひて別に其細目を定む」と決議した。そして、翌年四月一日には東京・神田青年館においてやはり約千名を集め発会式を開催した。同時に、この年五月十五日に行なわれる第十一回衆議院議員選挙にむけて理想選挙候補者の選考を大《おお》隈重信《くましげのぶ》・三宅雪嶺《みやけせつれい》・黒岩周六《くろいわしゅうろく》ら大物言論人に依頼し、大隈らは古島をはじめとする十八名の理想候補を発表した（宮地正人『日露戦後政治史の研究』東京大学出版会、一九七三年など）。これらは、地方利益欲求や買収選挙で党勢を拡張する政友会に対抗しようとする、非政友会系グループである国民主義的対外硬派の運動であったが、選挙戦術にひとつの転機を与えたことも確かである。

理想選挙とは、要するに買収など不正行為や情実ではなく、演説・文書で有権者に訴えることであり、カネが掛からないわけではなかった。第十二回衆議院議員選挙（大正四年）の際の東京市の理想候補者の選挙費用は、東京市四万人の有権者に政見や推薦状などの印刷物を配るための特別郵便代一封四厘《りん》（一四円）で計百六十円、その封筒と印刷物代が百二十円、候補者の肩書き・履歴を書き込んだ大判名刺五、六万枚で百円、有権者名簿千数百部で五百円、演説会を各区二回ずつ貸席で開催すれば一回三十円なので計千円、事務所を三ヵ所開くとして二ヵ月で六百円、投票当日には投票所である区役所の前に臨時事務所を設営し有権者の休憩所とするが、それが十五区で三百円、運動員百三十名の車馬代・弁当代を一日一円として二ヵ月で千八百円、以上しめて四千五百八十円（一六〇〇万円）はかかるだろうと推測されていた（『読売新聞』大正四年二月十三日）。

前述のように、この額は当時の平均八千円と比べれば少ないが、相当な額であることも間違いない。しかし、東京市のようなところで、一票三円（一万円）程度の買収とその他取りまとめ料を支払ったとしても、大変な数字になるだろう。しかも、その効果は疑わしかった。

また、国民の政治思想が発達してきたという認識も次第に広まっていった。たとえば、第十四回衆議院議員選挙（大正九年）は原敬《はらたかし》内閣下で政友会が大勝したのだが、憲政会《けんせいかい》に近い『読売新聞』は「吾人は国民の政治教育に就て、聊《いささ》か見縊《みくび》り居たるが、選挙の結果、其大《おおい》に謬《あやま》れることを発見せり。……現に東京市其他に於て、或は金銀を撒《ま》き散らし、或は権力を振翳《ふりかざ》したものは概《おおむ》ね失敗せり」（大正九年五月十三日）と国民の「政治思想の発達」を認めていた。この時期の新聞記事には、学校で小学生に理想選挙を教えているというような記事がいくつか紹介されており、世論も徐々に盛り上がっていたのであろう。

このような理想選挙運動の影響をうけて選挙戦術が大きく変容したのが、第十二回衆議院議員選挙（大正四年）であった。

大隈ブーム

理想選挙同盟会の役員でもあった大隈重信首相の下で、各大臣たちは地方遊説を行ない、彼らの名前で有権者に推薦状を合計数十万通発送した。これは史上初めてのことである。大隈は自身でも全国遊説を行ない、本来であれば無届けの屋外演説として治安警察法《ちあんけいさつほう》違反になるのだが、民衆の要望にこたえ汽車の窓から急遽演説したという有名な逸話も残っている。大隈は、それでも足らずに自らの演説をレコードに吹き込んで全国に配布した。また、大学弁論部出身の少壮活動家を中心として大隈伯後援会なる団体を作り全国を遊説させた。彼らはまず「全国を六区に分ち、第一区東北北海道、第二区北陸道、第三区東海道及《および》甲信二州、第四区近畿山陰道、第五区山陽道四国、第六区九州とし、一区毎《ごと》に雄弁達《たつ》職《しき》の士四名を以て一隊となし、二月二十日より三月十四日に至るの間に於て、旗鼓《きこ》堂々大挙して遊説すること一道二府三十三県に亘《わた》り、各府県枢要の都市に於て開会すること九十五回、演説度数実に三百三十九度」（『新日本』大正四年五月一日）、すなわち二十三日間に各道府県で三回弱の演説会を開催したことになる。

さらに、彼らは百名の与党候補者に対し、千二十六回の個別の応援演説も行なったという。これも単純に計算すれば、一候補当たり十回ということになる。従来は、候補者が地元の府県会議員・町村長・町村会議員を帯同し、自党の政策方針と地元利益の実現をテーマに演説しつつ選挙区内を巡回するのが普通であったため、このように見慣れぬ顔が東京から大挙押し寄せ、新鮮な話題を振りまいたことは地域社会に新風をもたらす結果となり、「大隈ブーム」なる現象を生んだのであった。

とどめは首相の電報であった。激戦区の石川県金沢市および嗣子信常《ししのぶつね》の立った群馬県前橋市の有権者全員に、与党候補への投票を頼むとの大隈発電報が投票日前日に届いたのである。

このような選挙戦術の変化について、敵方である政友会系の人間からも「選挙運動の方法全く従来の方式と違ひ演舌《えんぜつ》会流行等、寧《むし》ろ政治思想の発展として新記録を作り政海の進歩と被存《ぞんぜられ》候。特に福岡市選挙の如きは驚愕《きょうがく》の外なく、幹部圧迫と有権者を無視せるの反動として起るものにて、是又《これまた》政治思想の発展と確認致候」（戸川直書簡、「永江純一関係文書」福岡県地域史研究所所蔵）と、「政治思想の発展」として高く評価されている点は重要であろう。

買収の費用対効果

しかし、東京を発信基地とした理想選挙がすぐに全国に普及したかといえば、必ずしもそうはならなかった。時期はこの時よりも少し後になると思われるが、大分県のどちらかといえば農村を選挙区とする木下謙次郎《きのしたけんじろう》は、つぎのように回想している。

当時は理想選挙即ち買収なしに投票をまとめることが喧《かまびすし》く唱えられてゐたので、私も或時の選挙に甲郡を理想選挙でやり、乙郡を買収でやつて見たことがあります。理想選挙の郡の方は演舌やお辞儀や個別訪問にて奔命《ほんめい》に倒れる程で、彼是《あれこ》れ雑費も余計にかゝるが、肝腎《かんじん》の得票の予想が正確に立ち難く事務的に見て頗《すこぶ》る馬鹿気てゐるが、一方買収の方は各郡各村の係りの党員に責任を持たせ、候補者は自働車（当時は二人曳《びき》人力車）か何にかで要所々々に挨拶でもして歩けば、それで仕事は運んで行き得票の予想も立ち番狂はせなどもなく、労少く安上りで便利であるから自然買収の方に傾き易い。……さらば法律の眼をどうするかと云へば、それは別段六《むつ》ヶ《か》敷《し》い程のことでない。十分に用心して万全の策を取るには選挙中には金を渡さず、選挙がすんで法律の眼を離れた（時効）後に金を責任者に渡し各選挙人に行き渡る仕組みにすればよいのである。尤《もつと》も之れは信用ある候補でなくては出来ないことであるが、信用ある候補者には信用ある選挙区が出来るもので、之れを地盤と云ふのである。この意味から云へば買収費と云ふよりは選挙地盤の培養肥料と云つた方が適切である。……さらば一票当りの買収費二円とか三円とかどうしてきめるかと云ふに、それは妙なもので選挙に臨んで一票当りの公定相場が自然に候補者と責任者（運動員）との間にきまつて来る。そこには不文の標準があつて、反対党候補の勢力とかこちらの候補者の信用などが参酌《さんしやく》せられ、多くの場合政府党の時には安く、反対党の時は高く解散後の選挙では安く解散なしに四年の任期を経ての選挙には高く、得票二万とすれば一票当り二円として四万円を宛て、事務所員や雑費に二万円を使ふものとすれば、荒見当《あらけんとう》一選挙に六万円はかゝる訳になる。（「木下謙次郎談話筆記」国立国会図書館憲政資料室所蔵）

つまり、ムラにおいてはいまだ買収は「労少く安上り」で確実な方法であった。だからこそ大隈内閣も候補者に公認料を支給して買収を助長し、他方で近代的な選挙戦術もとったのである。では、この都市とムラの落差はどこから生まれるのであろうか。

マチの騒擾

ひとつの要因として考えられることは、ムラにあってマチにはいまだないもの、すなわち住民団結の有無である。ムラではまず団結があり、候補者はそれを利用するためにカネを使うが、マチではどうかといえば、ここでも住民の意向を無視しては当選できないことは同じであった。日露戦後、電車・電気・水道・娯楽・教育など都市生活に密着する諸問題が発生し、住民たちは非常に政治的に活性化した（重松正史『大正デモクラシーの研究』清文堂、二〇〇二年、は和歌山市を例に、非常に興味深い指摘をしている）。日比谷《ひびや》焼打ち事件、第一次護憲運動に代表される都市騒擾《そうじょう》の際に、それに味方するような一部の新聞社が売り上げを伸ばし、逆に批判した新聞社は襲撃されて経営危機に陥ったという事実からみても、選挙権を持たない彼ら都市住民の支持のない実業は成り立たず、つまり実業は政治に直結するものであったのである。政治と生活が結びついているという意味で、日露戦後の都市騒擾は明治二十年代中期のムラの騒擾と状況的には似た点があろう。

しかし、人口の流動が激しいマチには団結がないため、買収をしようとしてもそれが全体に効率よく行き渡るルートがなかった。では個人ごとにすればよいかといえば、それは労力ばかりがかかって非効率的だった。それでも無理して買収を行なった挙げ句に、それが明るみに出た場合は、むしろイメージの点からマイナスとなって票を失う可能性が高かったであろう。つまり、都市では逆に費用対効果から考えて買収は有効な方法ではなかったのである。こうして、都市ではクリーンさや「政治思想の発展」が目立つようになったと思われる。

カネのかかる選挙

もっとも、都市型選挙運動がその後、徐々に広がり始めたことも確かであった。これを支えたのは選挙資金であるが、大隈は従来から関係の深い三菱財閥《みつびしざいばつ》のみならず、財界に影響力を持つ元老井上馨《げんろういのうえかおる》の支援もあって、鴻池《こうのいけ》財閥や麻生《あそう》・貝島《かいじま》など福岡県の炭坑主《たんこうぬし》たちからも多額の援助を得ることができた。以後、憲政会も政友会もこの方法を踏襲することになる。そして、政党のこの両面作戦が選挙費用のさらなる高騰を招くのであった。

また、候補者の側も両面作戦を採らざるをえなくなった。各地で都市化が進展し、都市文化が地方に伝播《でんぱ》するにつれ、国民の「政治思想の発達」に対応して自らの清廉性やスマートさを有権者にアピールしなければならなくなったことは、代議士の質の変化を促した。このような選挙戦では演説・言論を得意とする職業的政治家か、あるいは逆にありあまるほどのカネを持っている大実業家が有利となり、従来の地方名望家はますます苦しくなっていった。そして、とくに職業政治家たちは連続当選を目指し地盤の培養を始めた。もっとも、職業的政治家の多くはカネを持っていないので、彼らのあいだからは、カネや選挙運動について制限を加えようという動きも起こってくる。彼らとしても、急激に拡大を続けていく選挙費用に不安を持ち始めたのであろう。また、一般に規制が強まれば現職議員に有利であるという理由もあったようである。とにかく、のちにみるように、官僚の間からも原内閣期ごろからこのような動きが出ており、国民の側とも合わせて選挙違反への風当たりは強まっていった。これらが、徐々に普通選挙法による規制へとつながっていくのである。

逆にカネがありあまっている少数の大実業家、たとえば武藤山治《むとうさんじ》（鐘紡《かねぼう》中興の祖、時事新報社社長）・久原房之助《くはらふさのすけ》（日立製作所創立者）・中島知久平《なかじまちくへい》（中島飛行機〈戦後、富士重工〉

創立者）らは多数の職業政治家にカネを支給しながら、自らは政党を興したり派閥領袖となって権力の中心へと突き進むのであった。

以上のように、ムラでは確かに「名望家秩序」という形で中央集権化が「地方主義」を圧倒し国民は逼塞したかにみえたが、その反動は「大隈ブーム」を契機にマチから起こった。ただし、マチの騒擾は住民の団結力がいまだ弱いために、ムラとは逆に買収を忌避する傾向が強かった。こののち、この二つの傾向が混在することになる。

普通選挙と地盤培養

普通選挙下での選挙違反

大正十四年（一九二五）五月五日に衆議院議員選挙法が改正され（普選法）、普通選挙が実現した。二十五歳以上のすべての男子には納税金額に関係なく選挙権を与えるというこの改正は、日本民主主義発達史のうえでも特筆すべき事柄であることはいうまでもない（ただし、公私の救助・扶助を受ける者、たとえば学生などは除外された）。そして、これによって、従来の不正な買収によって選出された議員で構成される政友会、憲政会に代わり、真の国民の声が政治に反映されることが期待されたのである。この普選法はまた、運動員・文書・図画・演説会・選挙費用など種々の面でも規制が加えられ、また郵便や演説会場の公営化も図られた。つまり、選挙運動の面でも不正を極力なくし平等を期そうとしたのである。

その結果は、違反者数は相変わらず減らず、買収は依然として大がかりに行なわれた。とりあえず、まずはどのような犯罪があったか、最初の普選である第十六回選挙（昭和三年）を例に多い順から列挙してみる（「選挙制度調査会」資料、国立公文書館所蔵）。

（一）買収　八七四七名
（二）第三者の選挙運動禁止違反　一〇〇二名
（三）戸別運動禁止違反　三五一名
（四）通信、集会演説妨害　八八名
（五）文書図画の命令違反　八四名
（六）詐欺の不正投票　三七名
（七）関係官吏の選挙運動　二〇名
（八）事務所等濫設違反　一五名

普選には非常に高い関心が集まったので、それに関する書籍もかなり出版された。それらを参考に少し説明を加えよう。

雪駄・鍬・煙管

（一）の買収では多くの場合、届け出なければならない公式の選挙事務長の他に、県会議員クラスのウラの「参謀」がいて、カネなどの実権を握っていた。そして選挙戦が酣《たけなわ》になると、忙しく動き回る候補者はすべてを「参謀」

に任せなければならず、そのため彼らの行動はさらに活発化し、実弾が飛び交うことになる。各村落内の有志がブローカーとなって村落の票を売り込みに来たり、逆に候補者側から密かに買収係を村落に差し向けることもある。こうして行なわれる買収は、真夜中に正規の運動員以外の者が戸別訪問する形で行なわれるのは以前の通りである。買収はまず投票日十日から二週間前、偵察戦として散弾が放たれる。そして、

各地から情報を集めて参謀会議が開かれたり、御前会議《ごぜんかいぎ》が開かれる。其効果如何によつて第二弾、第三弾を放つ可《べ》き照準を決定する。投票間際《まぎわ》二、三日になれば演説会など申訳で、めぼしい運動員など顔も出さず、そこはかとなき遊説員が疲れた声を張り上げてゐるのみだ。選挙事務所は徹宵徹夜、奥まつた一室で凝議に次ぐに凝議だ。其物々しさ、たとへんに物なしである。之も眼立つてはやらない。表面は平穏無事を装ふてゐる。運動員や特派員や遊説員の出入も制限する。其筋に睨《にら》まれん様に、よくもあゝ気がつくと思ふ程細心だ。

投票前々日から前日にかけ、総攻撃に移り包囲攻撃を開始する。其翌朝事務所や、然《しか》るべき所に作られた秘密本部の裏口から、眼を赤くした運動員が三々五々帰つて来るだらう。……よく雪駄《せった》とか鍬《くわ》とかいふ。雪駄の裏金は後《うしろ》についてるから後金で、鍬は前に金が付い

表9　運動員・選挙事務所数の変遷

	候補者数 a	運動員数 b	b/a	一運動員に対する有権者数	選挙事務所数 c	c/a	一事務所に対する有権者数
第10回	500	70543	141	105	3629	7	2121
第11回	563	109654	195	73	6001	11	1295
第12回	610	191770	314	46	8371	14	1032
第13回	629	229347	365	36	9186	15	899
第14回	900	382705	425	19	14668	16	515
第15回	1105	407544	369	24	17310	16	559
第16回		一候補 50		2201	一候補 7		15725

『花井卓蔵文書』より.

てるから前金だ。欲張つた奴は煙管《きせる》と来る。前と後に金があるから、前金も呉れ、後金も呉れといふのだ。

（吉野武『選挙の常識と選挙運動のうらおもて』大阪回宏社、一九三一年）

（二）では、選挙運動ができる者は選挙事務長・委員・運動員に限定され、合計五十名を超えてはならなかった（ただし、推薦状に名を連ねたり、演説会場で応援演説するのはよい）。ちなみに表9にこれまで自由であった時代の数字を挙げて置いた。

（三）は戸別訪問であるが、法定運動員は目立つのでできないが、医者・産婆《さんば》・女髪結《おんなかみゆい》・御用聞《ごようきき》・牛乳配達人・電灯屋・新聞集金人など、各家庭を回ってもおかしくない人物にやらせ、第一回の訪問は亭主がいない昼間を狙い、奥さんにさりげない態度で「選挙なんてコリゴリしました。全く阿呆のする事で」などウダウダ述べて帰り、二回目も奥さんにちょっと頼んで帰り、三回目にやっと夕方に出かけ夫婦を前に話し込み投票を依頼するというのがよくあるパターンであったという。選挙に参加するのはなにも男性ばかりではないのが面白い。

（五）は内務省《ないむしょう》命令で規定されるのであるが、ポスターならば色は二色以下、大きさは長さ九四センチ、幅六四センチ以内、立て看板ならば白地に黒で書き縦二メートル七三センチ、横六一センチ以内、そのほか航空機による散布や他人の土地での無断設置が禁止された（なお、第十六回〈昭和三年〉で大量にポスターがばらまかれたので、第十七回〈昭和五年〉以降はさらに厳しく制限された）。

（七）は、選挙事務に関係する官吏《かんり》・吏員《りいん》は選挙運動をしてはいけないというもので、選挙事務にあたる町村長もこれに該当した。

（八）は、選挙事務所は七ヵ所以内に制限された。これもそれまでの数字を表9に掲げて置いた。

ところで、どうやら第十四回総選挙（大正九年、原敬内閣）のころから選挙事務所や休憩所の設置場所、運動員の弁当代・宿泊代・車馬賃、戸別訪問の人数や時間帯、選挙運動員の資格、選挙費用の帳簿の扱いについては、各府県ごとに検事正《けんじせい》と知事のあいだの協定によって制限が設けられ実施されていたようである（『花井卓蔵文書』「衆議院議員選挙法改正法律案」大正十四年三月）。普選法の規定も、これらの実績を斟酌《しんしゃく》して法案化されたようである。

個人応援会の登場

さて、買収行為について、もう少しくわしくみていこう。平田奈良太郎『選挙犯罪の研究』は以下のような質の変化を指摘している。

普通選挙の断行あり為に有権者は激増し、且其の取締が厳になり戸別訪問が禁止された。で必然的に買収方法も変化せざるを得ない。買収は次第に巧妙に法網《ほうもう》を脱すべく工夫され、買収組織は今や細胞的組織を以てするやうになつた。この変化の基を為すものは国民の政治思想の発達であらう。各地に於て候補者を中心とする政治団体を組織し、選挙の都度《つど》選挙運動を行ひ買収を実行する。或は又候補者の後援会を組織してその発会式に名を藉《か》り、脱法的に団体的の饗応《きょうおう》を堂々と行ふ。選挙ブローカーも又いざ選挙となると盛に買収を行つて、各政党の支部は宛然《えんぜん》買収の参謀本部たるの感がある。

従来は戸別訪問が買収の舞台であったが、それが禁止された。さらに普選になれば、有権者は四倍となり、したがって買収費用も四倍となってしまう、しかしそれだけカネを集めるのは不可能だから、買収はなくなるのではないかと識者たちはみていたが、候補者たちはブローカーなどを通じて「細胞的組織」を形成して買収を行なったというのである。さ

図9　普選ポスター（朝日新聞社編刊『朝日新聞社募集普選ポスター集』昭和3年，一等作品，林好克氏）

らに、現在でもおなじみの個人後援会が登場し、それを買収の口実として「脱法的に団体的の饗応を堂々と行」なっていたのである。また、買収がこのように巧妙化した原因について、ここでも「政治思想の発達」という語が登場してくる。

具体例をみよう。第十六回総選挙（昭和三年）で東京の電力関係実業家郡谷照一郎は郷里の静岡県第二区（定員四、県東部で駿東《すんとう》・富士郡《ふじぐん》と、伊豆半島の田方《たかた》・賀茂郡《かもぐん》から構成）から政友会候補として立候補しようとした。彼は早くから代議士になることを目指し、伊豆に電力会社を設立しそれを通して地元各種産業にも関与する形で地盤培養を行なってきた。そして、第十四回総選挙（大正九年）では田方・賀茂両郡からTを参謀として出馬したが、落選してしまった。第十五回総選挙（大正十三年）は護憲三派の関係から立候補を断念したが、地盤培養は続けていた。さて昭和二年（一九二七）秋に県会議員選挙があり、参謀であったTが立候補しようとした。しかし彼は、Tのライバル候補を後援していたGとのあいだを取り持ち、Tを慰撫《いぶ》して出馬を断念させ、両者を和解させた。そして、その恩義を感じていたGが、この第十六回では郡谷の参謀として活躍することになる。

Gは、昭和三年一月二十一日議会が解散されるや、田方・賀茂両郡の有力者に会い、郡谷に対する「同情」があることを確認したうえで彼に立候補を勧めた。また、富士郡の県議たちも彼を応援することにしたので、彼は公認がなくとも政友会系中立として立候補の準備を進めた。しかし、田方・賀茂を地盤とする政友会有力者小泉策太郎《こいずみさくたろう》（政界の策士、黒幕として名が通っており、第二次護憲運動の立役者の一人）から「若《も》し伊豆に手を出すならば承知出来ぬ。自分にも多少実行力のある連中が付いてゐるから、君の身体に如何なる危害を加へるかも知れぬぞ」と脅され、替わりに党の公認と「危険な場合には田方、賀茂の両郡から二、三千の得票」を譲ってもらうことを約束して、田方・賀茂の選挙事務所を撤収し、ポスターも引きはがした。政友会の場合は、駿東郡および沼津市を地盤にしたもう一人の庄司良朗《しょうじよしろう》候補もおり、富士郡のみの郡谷はつらい立場に立たされた。しかも、庄司陣営がさかんに富士郡に侵入してきたため、進退窮まってしまった。

そこで、彼はGを通じて小泉陣営に二、三千票の割愛を要求し、投票日十日前の二月十日ごろにその承諾を得た。郡谷派陣営の買収は、この十日間に彼らを対象にGの手を通じて行なわれたのである。じつはGは、郡谷が田方・賀茂から手を引くことになった後も、密かに江戸時代以来伊豆地方に続く五人組や消防組の組織を通じて買収工作をしていた。G→町村有力者→五人組組頭→五人組各戸とカネは末端に亘《わた》った。結局、郡谷は当選はしたが、買収で逮捕されのち保釈中に逃走、時効によって免訴されたが、議員資格はもちろん失った（平田奈良太郎『選挙犯罪の研究』）。

地盤培養　ここにみられるように、集票活動の第一段階は地盤培養であり、第二段階が買収であった。まず地盤培養であるが、これは当時の解釈によれば「本来議員はならして貰《もら》ふものにあらず、なつて貰ふと謂《い》ふのが純理に叶《かな》ふ」のであるが、明治時代であればまさに地域で名望のある素封家《そほうか》を選出すればよかったが、すでにみたように地方から中央へのベクトルが萎《しぼ》んでしまい適当な人物がいなくなっては「なつて貰ふにしても、選挙民が全然不知不識《ふちふしき》の人であるならば、議員としての適否の判断に苦しまねばならぬ」、したがって候補者たらんとする者には常日頃から積極的に「如何なる人格を有する者であるか、又如何なる主義政見を有する者であるかを、選挙民に知らしむるの機会」が必要である、それが地盤培養であるというのであった（坂本正道『選挙運動新戦術』東漸社、一九二六年）。地盤培養の方法は、

第一　鉄道、道路、官衙《かんが》、学校、病院、その他の造営物の開設など地元の要求を政府・自治体などに働きかけること、

第二　各種地方選挙の際には自分の腹心を極力応援したり、彼らの支部運営費・党費・出張費・大会費などを負担すること、すなわち代議士を中心とした地方議員組織を形成すること、

第三　各種工事の補助金下付、水利権許可、土地森林払下、あるいは結婚や就職の斡旋《あっせん》など個人の要望の実現のため働くこと、

第四　公私の紛争の際に調停役を引き受けること、

第五　青年団・在郷軍人会ら各種団体の行事に参加すること、

（上山和雄『陣笠代議士の研究』日本経済評論社、一九八九年、他）

など、現在でも行なわれているようなことであった。

表10　郡谷候補が買収したとされる静岡県田方郡町村の得票分布

	郡谷照一郎	小泉策太郎	庄司良朗	民政候補Ⅰ	民政候補Ⅱ	その他Ⅰ	その他Ⅱ	合計
三島町	294	481	117	1387	409	101	1	2790
錦田村	132	204	71	320	32	27	0	786
中郷村	37	339	92	354	38	53	0	913
修善寺町	122	145	180	447	29	9	0	932
韮山村	251	421	69	526	22	57	0	1346

深化し大衆化する買収

第二段階の買収であるが、この例のように、選挙戦終盤になり興奮した心理状態のなかで行なわれることが多かったようである。しかし、以前のように村全体、郡全体というケースは少なくなった。表10に示しておいたが、Ｇが買収した村々の得票もそれを表している。この点で前田貢一氏らが貴重なデータを提供している（「昭和戦前期総選挙（第十六回─第二十一回）市町村別得票数データベースの作成と簡単なその計算事例」『平成十五年度多目的統計データバンク年報』八〇、二〇〇四年）。

それによれば、この時期全国の市町村で、一候補が票を独占しているのが約五～七％、二候補が票を分け合っているのが四三～四四％、三候補以上が競り合っているのが五五～五七％だという。これにしたがえば、政友会の小泉候補ともうひとりの民政党候補が競り合っているところにこの郡谷候補が割り込んだため、三候補以上の競り合いになったということになる。そして、これ以降では二候補が分け合うケースが減少し、三候補以上が競り合うケースが増加していく。これは大正九年（一九二〇）ごろの小作争議の大量発生に象徴されるように、小作と寄生地主《きせいじぬし》という対抗が明確な姿となって現れ、そこに普選も実施されたことによる影響だろう。そのため、買収を行なう地域は狭くなり、買収対象の村人も限定されていくが、その替わりに五人組、消防組に見られるように、買収は深化し大衆化していくのであった。

また、買収は無差別ではなく、戦略的に行なわれるようになった。第十八回総選挙（昭和七年）の熊本県の例であるが、候補者側はまず従来の各種選挙での自覚得票数を一覧表にし、今回のおおよその予想を立てた。そして、各町村から買収費を請求に来る者に対し、その事情をよく聴取し、自らの予想と照らし合わせたうえで買収可能な数字を割り出し、その運動者に取りまとめ料として一票三十銭、有権者に渡す額一人五十銭と細かく決めてその額だけを渡したという（平田奈良太郎『選挙犯罪の研究』）。

都市部での選挙違反

他方、都市部の買収はもっと複雑であった。これも第十八回総選挙（昭和七年）の例であるが、便宜上ここでふれておく。東京市深川区《ふかがわく》（現江東区の一部）を舞台として、民衆自治会なる組織が摘発された事件である。この会は、昭和四年（一九二九）一月ごろ、本田多市郎なる人物が「国体に対して確固たる信念を持し、常に民衆の輿論《よろん》に立脚して政党政派に偏せず民衆自治」を実現することを目的に創設したもので、法律相談所の開設、ホームレスのための実費宿泊所・診療所の開設、地代《ちだい》家賃値下げ運動の展開、空き地の有効利用の訴えなどの活動をしていたが、半面では本田を市議にするための個人後援会組織であり、会員は約二〜三千名であったようである。

さて、昭和七年に議会が解散されたが、本田は海外にいたため別の候補を物色すべく、会の幹部たちは前警視総監の丸山鶴吉《まるやまつるきち》に相談した結果、朴春琴《パクチユングム》候補に白羽の矢が立ち早速彼に面会、朴も丸山に相談し、民衆自治会を母体に出馬することを決めた。

彼らのとった作戦は、会員各自の個人的コネを利用して多方面に接触し、同会の新会員募集という形をとりながら買収を行なうということであった。同会が朴候補を応援しているので、そのつもりで入会して欲しいと確認し、入会書に署名したところでカネを渡すのである。カネは朴候補の夫人から出た。ただし、朴候補はこのことを知らず、夫人も選挙事務長ではなく、またそれが買収に遣われたとはしらなかったので当選が有効となった。なお、朴はもともと朝鮮半島生まれであったが、韓国併合で日本人となり、その後鉱山業、不動産業などで財をなし東京に住んでいた。当時、朝鮮半島地域には選挙制度は施行されていなかったが、日本列島に住む朝鮮半島出身の人間には（被）選挙権があったのである。

ところで、彼らが接触した範囲が面白い。千葉県長福寺太子堂《ちょうふくじたいしどう》再建のための太子講《たいしこう》、地元在郷軍人会・露天商組合・簡易旅館業組合、洋服裁縫業・メリヤス加工業・雑貨商・

蕎麦屋《そばや》・自動車部品製造業・大工・瓦職人などの同業者、薪炭商《しんたん》・佃煮商《つくだに》・セメント商を通した顧客、工場営業係を通した職工などなどであった。そして、みごとに当選したのである。

ここでの特徴は第一に、地域の共同体ではなく各種組合・団体が基礎となっていることである。もちろん、つぎの「官僚たちの挑戦」の章でみるように、町内会という地域共同体も形成されていくが、このようにそれ以外の団体が早い段階からみられることは都市の特徴である。

第二に平田奈良太郎『選挙犯罪の研究』によれば、この事件の特徴は運動報酬金額がほかの買収事件よりも比較的安いこと、しかも会員レベルはカネを貰っているが、末端の有権者には渡っていない場合も多いことであり、これは新しい傾向であると位置づけている。ここにも「政治思想の発達」が姿を現しているように思われる。つまり大都市部では、買収を受けるのはその取りまとめ役の確信犯たちであり、一般有権者のあいだでは買収は罪悪であるという認識が強かったようである。そして、買収行為は一般有権者には隠すような形で確信犯たちのあいだで行なわれていたのである。

買収の効果

これに関連して選挙犯罪の効果について、ここでまとめておく。Ｉ期の第一回総選挙（明治二十三年）についてメイソン氏は、結局選出された顔ぶれをみると地域を代表するような人物たちであり、それを買収で逆転したケースは稀であったと述べている。この点は残念ながら確証はないが、私も同意したい。つまり、選挙民はカネは貰うが、それは自分の意中の人物から貰うことが多かったということであろう。同じことは、壮士についてもいえる。第二回総選挙（明治二十五年）では華々しい活躍をした壮士であったが、暴れては地域住民に迷惑をかけ、また候補者にはしつこく酒を要求するなどのため徐々に疎《うと》まれるようになり、明治三十年代に入ると、一般になりを潜めていくのであった。

そしてこのⅡ期では、官僚系内閣時ではとくに大きな問題はなかったようであるが、政党が政権を握った内閣では、確かに与党に有利な選挙干渉や買収があったと指摘されることが多い。たとえば、第十二回総選挙（大正四年）の際の大隈《おおくま》内閣に対しては、新聞記者同志会編『大隈内閣の秕政《ひせい》』（新聞記者同志会、一九一五年）などがそれを指摘している。また、第十四回総選挙（大正九年）の原敬《はらたかし》内閣に対しては「政府は巧妙な手段を尽して与党候補者に価値を与へたばかりか、之《これ》に莫大な運動費資金を供給したと云はれ、其の又裏面には種々の風評があつて遂に幾多の疑獄を産み、人をして政友会内閣の司法大臣（原首相兼任）に重きを置く所以《ゆえん》に就て首肯《しゅこう》する所あらしめたといはれてゐるから、或は買収も巧妙に相当行はれたかも知れない」（平田奈良太郎『選挙犯罪の研究』）と評された。

さらに、最初の普通選挙である田中義一《たなかぎいち》内閣下での第十六回総選挙（昭和三年）は、鈴《すず》木《き》喜《き》三郎《さぶろう》内務大臣《ないむだいじん》による選挙干渉で有名である。司法省出身の鈴木と山岡万之助《やまおかまんのすけ》警保局長のコンビは、それまでにない規模で府県知事や警察署長の人事異動を行ない、彼らに激しい選挙干渉を行なわせたといわれる。

図10　長崎県警察部作成啓蒙ポスター（慶應義塾大学法学部政治学科玉井清研究室〈慶應義塾21 COE-CCC〉提供）

「国民思想の発達」

しかし、結果的には政友会の得票は意外に伸びなかった。理由としては、伊沢《いざわ》多喜男《たきお》など休職中の民政党系内務官僚が選挙監視委員会「国民思想の発達」なる団体を作って全国を巡回し目を光らせたことや、買収・干渉が逆に選挙民に反感を買うこと（平田奈良太郎『選挙犯罪の研究』）が多くなったことが挙げられているが、とくに後者の指摘は重要であろう。

　買収についていえば、確かにまったく買収もせずに理想選挙を行なったならば、当選することは困難だったかもしれない。しかし、一般有権者には、従来のような露骨な買収は必ずしもプラスにのみ作用しなくなっていた。そのために個人後援会というような形をとることによって、買収を巧妙化させ、有権者の罪の意識を減らそうとしたり、あるいは都市部のようにそもそも末端有権者への買収はあまりしなかったのである。

　官憲による選挙干渉にしても同じであった。もちろん、与党の有利さがなくなったわけではなく「従来の慣習になれて、反対派（野党）は勿論一般選挙人も、必ず選挙干渉や不公平な処置があるものと予想して、右顧左眄《うこさべん》して思ひ切つた運動が出来ないのに反し、味方派（与党）は何等かの恩慶（ママ）や寛大な処置あるものと高をくくつて、勇敢に運動を遂行し得らる丶の差」はあったが、「蓋《けだ》し心持《こころもち》の相違で、一般人が想像する程大したものではな」（吉野武『選挙の常識と選挙運動のうらおもて』）くなってきたようである。そして、つぎの浜口雄幸《はまぐちおさち》内閣での第十七回総選挙（昭和五年）は、非常にクリーンに行なわれたといわれる。

これこそが、前述の「国民思想の発達」の効果であろう。この結果、少なくとも露骨な干渉・買収は意味がなくなり、潜行して行なわざるをえなくなったのである。さらにいえば、選挙費用の耐え難い増大という現実のなかで費用対効果を考えた場合、連座制が強まったなかで、危険を冒し買収によって限定された票数を得るよりも、むしろクリーンさをアピールして不特定の票を獲得することが有利と考えるようになったのであろう。

政党内閣期にはナショナルスイングが大きかったが、やはりこれは内閣の選挙干渉の結果と捉えるよりも、国民の主体的選択（あるいは元老西園寺公望のそのような結果を予測しての内閣選択）の結果と考える方が妥当だと思われる。

しかし、前述したように、他方で個人後援会を利用した地盤培養という新たな戦略が登場し、買収方法もさらに細分化、深化、大衆化していった。買収側も、普選や「国民思想の発達」への対応を準備していたのである。ただし、それが全面的に展開するのは戦後になってからであった。

官僚たちの挑戦

選挙粛正と翼賛選挙

大衆化と選挙粛正

政界浄化に大きな期待がかけられた普選であったが、残念ながらそれにこたえることはできなかった。しかも、内外の危機感を反映して政党内閣そのものへの批判が高まり、昭和七年（一九三二）の五・一五事件でその幕を閉じる。

逆風をうける政党

その後、政党に対する風当たりはさらに強まり、選挙から買収など不正行為を一切排除しようという選挙粛正運動が政府によって昭和十年から始まり、第十九・二十回総選挙（昭和十一・十二年）は粛正選挙といわれた。昭和十二年に日中戦争が始まり、国家総動員法に象徴されるような戦時挙国一致体制が強まるなかで、政党や選挙に対する統制は格段と厳しくなり、太平洋戦争が開始された翌年の昭和十七年に実施された第二十一回総選挙は、従来の政党は解党したうえで、戦争に協力的な候補をとくに推薦候補として政府が強く支援するという形で実施され、翼賛《よくさん》選挙と称された。このため、図2（三六ページ）にあるように、選挙違反が減少したのも当然ではあった。

ここでは、その粛正《しゅくせい》選挙、翼賛選挙を中心としたⅢ期をみていく。

内務官僚の選挙観

まず、元内務官僚《ないむかんりょう》が体験した総選挙の印象を紹介しよう。藤沼庄平《ふじぬましょうへい》は栃木県安蘇郡《あそぐん》出身で内務省警保局長《ないむしょうけいほきょくちょう》も務め、政友会の田中《たなか》義一《ぎいち》内閣では官選新潟県知事（選挙ではなく内務大臣が任命）となっていた。そんな彼に目を付けたのが地元安蘇郡の政友会派であった。安蘇郡は民政党が強く、それを挽回するチャンスと考えたのである。藤沼にしても内閣が替われば休職させられるかもしれない「浮き草」稼業への不安から心が動いた。そして、立候補し当選したのであるが、その際の票数がほとんど前回の県会議員選挙で政友会系議員が獲得したのと同じであったことでわかるように、政友会の地方組織に依存したものであった。

ここまでは予定通りであったが、藤沼にはひとつ納得できない不満が残った。それは、選挙資金が多くかかるのは仕方ないとして、その多くが地元有力者の手に留まり、彼ら自身の政治活動、選挙活動に消費されてしまうことであった。

この不満はさらに強まっていく。県議選や支部の行事などでもカネを求められる藤沼は、それを「タカリ行為」と評した。そして、つぎの昭和五年（一九三〇）の民政党下での第十七回総選挙では立候補したものの、同じ政友会系候補による地盤侵略も影響して落選してしまった。その際、彼はつぎのような感想を記している。

自分にはむしろ選挙に際して金を貰ふて歩く事が勝敗よりつらい。如何に自屈の念に耐へないか、想像に余りある。貰ふて歩かぬ以上自分には戦争は出来ぬ。他所《よそ》より盗んで来ることは出来ぬ。利権をあさることも能《よ》うせぬ。取引役は出来ぬ。選挙民には資格も人物も何も要らぬ。最後の決を取る為には買収をせねばならぬ。買収が絶対に必要なる以上金の用意が先決也。選挙に際して必要のみならず、党に居ても多分に用意せねば其地位を上げてゆくことは出来ぬ。

藤沼はこののちも再起を目指したが、結局つぎの第十八回総選挙（昭和七年）では引退を決意した。その時の感想はつぎのようなものであった。

同情者にはすまぬが、……肩が軽くなつたとの想がある。さつぱりした感じがある。虎豺《こさい》の群より脱出した感じがある。真個に衆愚《しゅうぐ》の中より逃れた。あれだけ屈し努力して何を求むる。泥棒が出来ぬ以上、インチキが出来ぬ以上、きれいに支払をする以上、求めて得ざる以上何の引き合ひにもならぬ。国家の為か。盲動《もうどう》して其の日暮《ひぐらし》をなすのみ。寸毫《すんごう》も国家社会に裨益《ひえき》せぬ。自分の気性にも合はねば二六時中不愉快に過す。

堪へられぬ。悟性に生《いき》んとせば、心に悔いなからむとせば、打切る以外に方途《ほうと》なし

（奥健太郎『昭和戦前期立憲政友会の研究』慶應義塾大学出版会、二〇〇四年）

引退の悔しさも含め、非常に激烈な調子であるが、これは多くの内務官僚たちが共有するものでもあった。

新有権者を守れ

選挙粛正運動の源流のひとつは、選挙違反検挙者数が極端に多かった第十三回総選挙（大正六年）の時の内務大臣《ないむだいじん》であった後藤新平《ごとうしんぺい》を中心に、永田秀次郎《ながたひでじろう》、丸山鶴吉《まるやまつるきち》らの内務官僚が参加した「政治の倫理化運動」であった。丸山は警視総監としてすでに登場している。永田は後藤新平内務大臣の下で警保局長として選挙違反を徹底的に検挙し、その後東京市長などを経て、のちに選挙粛正中央連盟理事長となる人物である。

さて、この運動の狙いは、現代の政治は腐敗した選挙民と彼らによって選出された既成政党議員によって毒されており、普通選挙法の成立を機に、普選によって造出される新有権者を腐敗から守り、さらにその力で清新な政治を始めようというものであった。つまり、彼らはいまこそが、腐敗した「名望家秩序《めいぼうかちつじょ》」（彼らこそが買収資金の大半を横取りしていた）が国民の末端を支配するのか、それともそれを阻止するかの瀬戸際であると捉えていたのである。

もうひとつの運動も、内務官僚とくに新官僚と呼ばれるグループから始まった。詳細は不明であるが、昭和二年（一九二七）八月に田沢義鋪《たざわよしはる》を中心に後藤文夫《ごとうふみお》・丸山鶴吉ら十数名が結成した選挙粛正同盟会で、「自己の良心の命ずるが儘《まま》に選挙致しませう」「投票したらその候補者に四十銭以上寄附すること」、すなわち腐敗浄化と「選挙費用選挙人負担の原則」の確立を目指したものであった（市川清敏『理想選挙ものがたり』時事通信社、一九七一年。『昭和十年度選挙粛正中央聯盟事業概要』一九三六年）。

彼らを力づけていたのはイギリスの前例であった。イギリスも随分と選挙買収には悩まされていたが、各種の規制や連座制、公営制度が効を奏し、この時期にはほとんど撲滅《ぼくめつ》されていた。これらの制度は日本でも普選法によってすでに一部実現しており、それを足がかりに買収を撲滅しようというのが、この選挙粛正同盟会の目的であった。

昭和五年（一九三〇）二月十八日、後藤文夫《ごとうふみお》・前田多門《まえだたもん》・上田貞次郎《うえだていじろう》・関口一郎《せきぐちいちろう》・橋本《はしもと》清之助《せいのすけ》・増田作太郎《ますださくたろう》・田沢義鋪《たざわよしはる》らが会を代表して浜口雄幸《はまぐちおさち》内閣が創設した選挙革正《かくせい》審議会宛てに要望書を出している。そのなかで、現在選挙界の悪弊《あくへい》の最も甚《はなは》だしきものは、

（一）情実因縁の投票が行はるゝこと、
（二）選挙費用の多額を要すること、
（三）買収の盛んに行はるゝこと、

であるが、(二) に対しては厳罰主義と選挙公営化によって解決を図るべきであり、(三) は連座制を強化し、また買収犯には体刑 (従来は罰金刑) を加えることを主張している。しかし、最大の主張は (一) および (三) の根絶のために、政治教育を施す機関を設置すべしという点にあった。

これによれば、政府機関として設置しては、政府党に有利な形で利用される恐れがあるので「民間に於て、真に公正にして有力なる政治教育の団体を組織せしめ、政府は之に対し相当の基金を交付し、以て不断の政治教育に当らし」め、「その事業は、講演講習、パンフレット、図書の発刊等の外、常に政治の運用に関する内外の資料を調査して国民反省の資に供し、選挙に際しては、弊害除去の為、全力を尽」くすことによって「将来動《やや》もすれば起り得べき立憲政治に対する思想的動揺に処しても、極めて重要なる機能を発揮」(「衆議院議員選挙革正審議会」資料、国立公文書館所蔵) するだろうとのことであった。

なお、選挙革正審議会とは、昭和五年 (一九三〇) 一月に選挙制度について、とくに腐敗の防止を目的として内閣に創設されたものであった。結局、成案は得られなかったが、この課題は以後も継承され、斎藤実《さいとうまこと》内閣では法制審議会で審議され、それは昭和九年の衆議院議員選挙法改正となって実現した。また、それ以後も広田弘毅《ひろたこうき》内閣で選挙制度調査会、林銑十郎《はやしせんじゅうろう》内閣で議会制度審議会が設けられ、それぞれ選挙制度が検討された。

これらにおいては、比例代表制度実施の適否、規制や罰則の強化、候補者推薦制度などが話し合われたが、大きな成果はなく翼賛選挙へと流れ込んでいった（伊藤之雄「「ファシズム」期の選挙法改正問題」『日本史研究』二一二、一九八〇年）。

女性も子供も？

選挙粛正運動に戻るが、結局彼らの希望が実現したのは昭和十年（一九三五）で、同年五月八日公布の選挙粛正委員会令によって、各府県に選挙粛正委員会を設置することが決められ、さらに三十あまりの府県では市町村にも下部委員会が設けられた。そして、五月二十八日には後藤文夫内相の斡旋《あっせん》で、選挙粛正同盟会をはじめ内務・文部省系統の各種教化団体《きょうかだんたい》の代表者（その多くは中央報徳会《ほうとくかい》・帝国教育会のように官僚出身者が理事などの役職を占める外郭団体的なものであった）が集まって民間機関である選挙粛正中央連盟を結成したのである。

結成後の選挙粛正委員会、選挙粛正中央連盟の活動にはめざましいものがあり、内務省、地方自治体、教化団体、マスコミなど官民の総力を結集して行なわれた。このうち選挙粛正中央連盟では、演説会開催、『選挙粛正時報』（月一回発行）・『選挙粛正絵ばなし』など印刷物の発行、北原白秋《きたはらはくしゅう》作詩・山田耕筰《やまだこうさく》作曲「選挙粛正の歌」など合計四万枚のレコード頒布、やはり四万枚ほどのポスター作成、ラジオでの演説放送、映画作成と府県への貸し出し、ロゴマークの作成、標語入り粛正マッチの頒布、飛行機による宣伝などが事業として実施された。とくに興味深いのは、中央連盟が斎藤実会長名で各市町村長に宛て、自主的に町内や村落単位での懇談会の開催を要請したことである。

日中戦争開始以降に、防災活動や物資配給でマチの町内会や、ムラの部落会が行政組織の末端として利用されたことはよく知られているが、じつは最初にそれを利用したのがこの選挙粛正運動だった。二宮尊徳《にのみやそんとく》の「芋《いも》こぢ」論（芋を桶のなかで洗えば互いに擦れあって皮が剝《む》けきれいになるように、隣保《りんぽ》同士が集まって話し合いを続ければよい社会が形成されるという意）を具体化したこの懇談会は、まず車座《くるまざ》に座らせてくつろがせ、「君が代」レコード静聴、発起人挨拶、「選挙粛正の歌」レコード静聴、『選挙粛正絵ばなし』の配布、お茶と菓子を出して懇談、印刷物の輪読、「下名《かめい》（自分のこと）等は日本憲政の建て直しの為めに、選挙に際して二つの約束を実行する。一、頼まれて選挙をしないこと、一、投票の買収には応じないこと。右天地神明《てんちしんめい》に誓って実行す」との宣誓署名、「君が代」レコード静聴、閉会の辞、という順序で行なわれた（赤木須留喜「選挙粛正運動」、渓内謙編『現代行政と官僚制』下、東京大学出版会、一九七四年）。

神様から最新メディア機器までのあらゆる手段を利用し、さらに老人から選挙権のない女性、子供までにも選挙浄化が訴えられたのである。

結果的に選挙粛正運動は大きな効果を持ったようである。衆議院総選挙の場合、第十九回総選挙（昭和十一年、岡田啓介《おかだけいすけ》内閣）と第二十回総選挙（昭和十二年、林銑十郎内閣）が該当するが、まず官憲の取り締まり方針について、第十九回総選挙では、

一、政党政治時代ほど党派的干渉の色彩は強くない、

二、むしろ無産党への取り締まりが「著しく少なく、選挙犯罪取締が政民両党に集中しているのと比較すれば、粛正運動が社大党（社会大衆党）を中心とした無産派進出」につながっている、

などの特徴があった。そして、厳しい取り締まりの結果、選挙違反者数は既成政党を中心に増加した。つぎの第二十回総選挙では「前回進出をみせた無産政党に対する官憲の側の選挙運動抑圧の意図」が窺われたが（粟屋憲太郎「一九三六、三七年総選挙について」『日本史研究』一四六、一九七四年）、厳しい取り締まりにもかかわらず違反者数は非常に減少した。

逮捕される候補者

しかし、なんといってもこの時期の特徴は、取り締まりのターゲットが候補者に絞られたという点にあった。図11「逮捕された候補者数」をご覧いただきたい。このうちの多くは落選した候補者であり、もちろんそれなりに当選した（そして失権した）者もいるのだ

図11　逮捕された候補者数

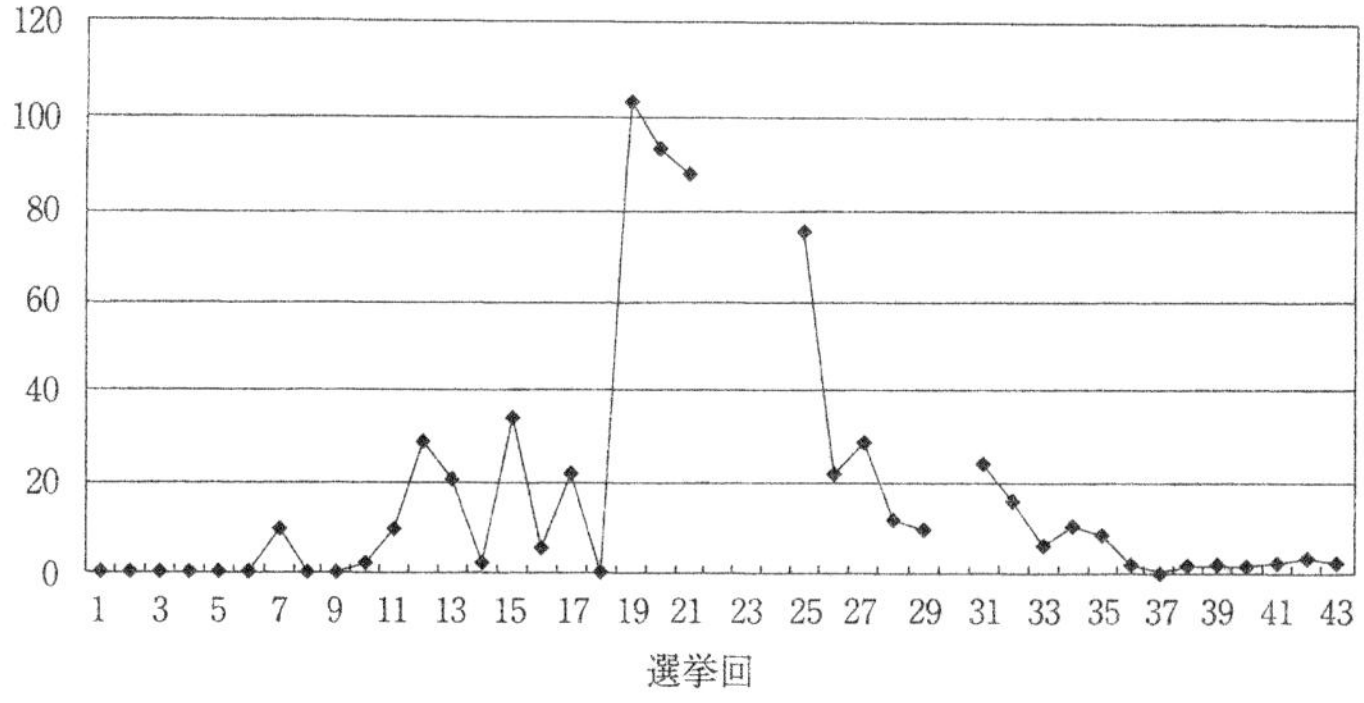

が、その数字がこの粛正選挙と翼賛選挙では異常なほどに多くなっていることがこの図からわかる。たとえば第十九回であれば、全体の候補者数が八百七十六名で、そのうち逮捕されたのが百三名（約八人に一人）にのぼる。これは、あきらかに取り締まり方針が変わったことを意味している。このことが候補者にとって大きな心理的効果となったことは間違いなく、やはり選挙粛正は運動側にとって量より質を重んじた厳しいものであったといえよう。

「名望家秩序」の打破

にもかかわらず、政党人も選挙公営化に乗り気であり、選挙粛正に協力的であった。また、「政治思想の発達」した国民もこの運動を好意を持って迎えたようである。そして、何よりも内務官僚らが爆発的なエネルギーをこれに注入した。選挙粛正運動は、これらの要因によって当初の目的を達成したといえよう。

ところで、本書の関心から以上の選挙粛正運動を捉え直してみよう。運動のそもそもの出発点は、新有権者を腐敗から守ることであった。しかし、すでにみてきたように、農村部を中心に買収は深く浸透し、大衆化しつつあった。これを食い止めるには、やはり国民に深く浸透する形で呼びかけて覚醒を促し、従来は国家と国民の結節点として機能してきた名望家・公民たちが築いてきた体制（いわゆる「名望家秩序」）を打破しなければならないというのが内務官僚たちの考えであった。

翻って考えてみれば、そもそも「名望家秩序」を作ろうとしたのは官僚であり、選挙に限らず官僚はさまざまな形でこれを利用してきたのだが、第一次大戦以降はその秩序も徐々に有効性を失い始めていた。すなわち、労働争議・小作争議の頻発、社会各層の自己実現要求、そしてそれに伴う数多くの団体の出現など、従来の名望家のコントロールからははるかに逸脱する動きが登場したのであった。したがって、社会の治安と秩序の維持を任務とする内務省としては、「名望家秩序」に替わる新たな体制作りは避けて通ることのできない課題であった。

「小宇宙」の掌握をめざし

この課題に対し、内務省など官僚組織はみずからも町内会、部落会をはじめさまざまな国民組織を作り民間団体をも取り込んで、国民をよりきめ細かくかつ深く掌握しようとしたのである。こうして第一次大戦後の社会には、官民入り交じって多数の団体が族生することになったが、その末端は丸山眞男のいう町工場主・親方・棟梁・主人・小地主など大衆に直接の影響力を持ち、局地的な「小宇宙」では小天皇的な権威を持つ層（『増補版　現代政治の思想と行動』未来社、一九六四年）であったろう。選挙粛正運動とは、いわばこのような官僚側の試みの第一歩であったということである。

ただし、「名望家秩序」だって長い時間にわたって鍛え上げられてきたものであり、さらにこの時代の政治の主役である既成政党とは深く結びついており強固なものであった。そして、のちにみるように、けっして消滅することもなかったのである。

この選挙粛正運動は、政党勢力を攻撃するための運動なのか、それとも選挙浄化によって政党政治再建の足がかりを築こうとするものであるのかが、よく研究上の議論となるが、おそらく内務官僚からすれば、打倒すべき敵の本陣はこの「名望家秩序」自体であり、政党内閣制そのものの当否については二次的なものだったのではないだろうか。このことは、選挙粛正委員会設置が決まった際に、前田多門が国民に訴えたつぎの文章からも明らかであろう。

普通選挙が行はれて十年、その結果は当初の期待を裏切つて寧《むし》ろ議会の権威は堕《お》ち、政党政治は抬頭《たいとう》後間もなく後退の悲運に際会《さいかい》して居る。若《も》しこのま、に推移せしめて荒怠《こうたい》を革《あらた》めざらんか、遂に立憲政治の成果を収める時は永遠に来ないであらう。……この憲政の危機は、外部からの圧迫よりは寧ろ内在の病弊《びょうへい》（選挙腐敗のこと）に基く。ファッショ思想の攻勢の如きは、憲政機構の内部さへ堅実なら少しも恐れるには足らない。

（前田多門『一票の力』選挙粛正同盟会、一九三四年）

彼らの敵は政党ではなく、社会の治安を乱す可能性の高い「ファッショ」なのであった。この「公正」な民間機関による「立憲政治」の安定を目指した運動は、人的にも思想的にも第二次大戦後の公明選挙推進運動につながっていくが、この点は「ぐるみ」選挙と保革対立」の章で述べることにする。

どちらにしても、内務官僚は「名望家秩序」という難敵に対し、彼らのいわば接着剤であるところの選挙買収に徹底した攻撃を加えることによって、確かな手応えを得たのであった。そして、その戦果は選挙以外の面にも波及していった。すなわち、官僚は名望家を介さず国民全階層にいたるさまざまな行政の道筋を付けることに成功したのである。以後、官僚の影響力は、国民精神総動員運動、翼賛体制運動や戦時体制の確立を通じて、いっそう国民生活に浸透していく。

しかし、さきを越された代議士側もただ指をくわえてみているだけではなかった。彼らも、官僚が先鞭《せんべん》を付けた道筋を利用していっそう国民に浸透すべく活動を始めたのである。

翼賛選挙

非既成政党候補の試み

なかでも大成功を収めたのが、新潟県第三区の社会大衆党三宅正一《みやけしよういち》であった（山室建徳「一九三〇年代における政党基盤の変貌」、日本政治学会編『年報政治学』一九八四年）。政党内閣期では、小作農《こさくのう》を中心とする農民組合を基盤にした泡沫《ほうまつ》候補にすぎなかった三宅だが、第十九回総選挙（昭和十一年）、第二十回総選挙（昭和十二年）と当選し、とくに第二十一回翼賛選挙（昭和十七年）では圧倒的票数で一位当選した。

では、どのような形で支持者を拡大したのだろうか。第一は、医療利用組合運動であった。これは産業組合（現在の農協）運動の一環として、医者の少ない地域に組合立の病院を建設することであった。この運動は小作農だけでなく、地元有力者、中農も参加したためその組織は急速に拡大し、地元の医師会の反対にもかかわらず、長岡市に組合病院を設立することにも成功した。

第二は雪害対策である。豪雪地帯として知られるこの地域にとって雪害は深刻な問題であったが、それに真っ先に取り組んだのが三宅を中心とする農民組合であった。この運動はブルジョアジーを巻き込み、さらに北陸四県の協議会へと発展していった。

そして第三は、政党内閣時代が終焉したことによって「既成政党の影響から離れつつあった官僚機構を利用」したからであった。つまり、官僚機構が農村に入っていくための組織、たとえば負債整理組合や農事実行組合に彼らも積極的に参加し、その主導権を握ろうというのである。こうして、三宅は自分の支持基盤を拡大した。しかも、ここで明らかなように彼の支持者たちは幅広い層に及んでおり、かつ彼らは手弁当で動く「三宅宗《みやけしゅう》」と呼ばれる団結力の堅い組織となっていた。

マチの団結は選挙浄化から

つぎは、東京の例である（源川真希「普選体制確立期における政治と社会」『日本史研究』三九二、一九九五年）。東京は汚職など市政の腐敗もあったが、前にもふれたように理想選挙運動が盛んであり、昭和十二年（一九三七）一月十八日に東京愛市連盟《とうきょうあいしれんめい》なる組織が生まれた。これは同年に実施される東京市会議員選挙において、汚職の相次ぐ既成政党議員を一掃することを目的としたもので、その中心は田沢義鋪《たざわよしはる》・丸山鶴吉《まるやまつるきち》・永田秀次郎《ながたひでじろう》など選挙粛正《しゅくせい》中央連盟の幹部であり、同業者組合・教員・宗教・警察・在郷軍人・医師・婦人・マスコミなど各種団体が参加し熱心に活動した。また、政党側では社会大衆党がこの運動とタイアップする形となった。こうして、選挙粛正運動と同じように派手なパフォーマンスが展開され、結果的には社会大衆党や愛市連盟系の候補が予想以上の票数を得たのであった。

参加団体のなかでもとくに熱心だったのが婦人団体であったという。彼女らの主張のひとつに「行政と台所の一体化」というものがあった。たとえば、選挙粛正運動の一環として配布されたリーフレットには「今迄は政治は男のする仕事、女の仕事は家を治め、子供を育てる事と分業扱ひされてゐたのだけれど、今日の社会の成立《なりた》ちや、政治のやり方では本当は女の仕事も亦《また》ぢかに政治に結びついてゐる事は沢山あるのですからね」という文言が入っている。具体的には水道・ガス・電気・交通などの設備、食生活・ゴミ・屎尿《しにょう》処理あるいは教育問題を指すが、これらの重要性を訴え、だから優良な候補を選び出すことを目的とする選挙粛正運動は婦人にも大いに関係があるのだというのだが、これは明らかに婦人参政権の主張であった。それを、内務官僚たちが一緒になって展開していたのである。

ところで、この愛市連盟には官僚のテコ入れもあったが、都市住民のなかから自治的に起こった部分も当然存在した。いま見た婦人団体などはその典型だろう。明治末から大正初期の都市の騒擾はすでにふれたが、この選挙粛正運動にわれわれはマチの団結が形成されていく姿を見ることができる。ムラの騒擾が買収を介してムラの団結となったこととは対照的に、マチの団結の場合は選挙浄化を介していたことが特徴的であった。

官僚機構を利用して

以上新潟と東京の例をみたが、ここには二つの共通点があることがわかる。ひとつは官僚が形成しつつある国民への直接的ルートと結びつく形で国民各層にアプローチしようとしていることである。そして、三宅の場合がそうであるように、「名望家秩序《めいぼうか》」や階級秩序、あるいは地域共同体という従来の枠組みを超えて多面的に支持を得るには、党組織というよりも個人の力の方がより有効であった。もうひとつは生活が重要なテーマになっていることである。もちろん、国政選挙の場合は政治・外交・軍事および経済・財政を無視することはできないが、それとともに生活問題も有権者に強くアピールするようになったということである。

じつは、既成政党候補側でも同じような試みが起きていた。「名望家秩序」が弱体化していくなかで、既成政党候補も地盤の再編成を迫られるのは当然であり、残念ながらそのために政党がカネ以外で手助けしてくれることはなく、自力で開拓するしかなかったのであるが、その際には、しばしば生活問題が重視された。しかし、これも残念ながら決定打はなかったようである。

その一方で、このような候補者側の独立志向的な態度は、当然のことながら既成政党の組織力を一段と弱めていった。大正期の原敬《はらたかし》・加藤高明《かとうたかあき》、昭和初期の田中義一《たなかぎいち》・浜口《はまぐち》雄《お》幸《さち》という絶対的権威を持った党総裁は跡を絶ち、昭和六年（一九三一）満州事変《まんしゅうじへん》を契機に政友会・民政党の一部から協力内閣運動が起き、その後政民合同論、一国一党論が相ついで登場する。このため昭和十年代の既成政党の内部は、派閥対立によって四分五裂の状態だったとする説もある。そして、最終的には昭和十五年十月に成立する大政翼賛会《たいせいよくさんかい》の誕生を前にして政友会・民政党はともに解党するのであった。

聴衆は二人

では、実際に解党後の既成政党候補はどのような状態だったのだろうか。

この例として第二十一回翼賛選挙（昭和十七年四月三十日）における秋田県旧政友会派の中田儀直《なかたぎちょく》をみてみよう。

中田は明治二十二年（一八八九）北秋田郡大館《おおだて》に生まれ、第十九（昭和十一年）・二十回総選挙（昭和十二年）で当選、第二十一回総選挙（昭和十七年）では落選した。彼の支持基盤のひとつは木堂会《ぼくどうかい》であった。木堂会とは犬養木堂《いぬかいぼくどう》（毅《つよし》）の人格を慕う青年たちの集まりで、大館では大正九年（一九二〇）に創設され、中田も当初からの中心メンバーであった。そして、犬養が政友会総裁となるに及んで、彼らも政友会の色彩を強く持つようになった。

ここに集った者たちは地域社会における青年エリートであり、地域社会の改革に情熱を燃やしていた。中田は大館中学校卒業生が集まった青年会にも参加していたが、これもこの点では似たような性格を持っていた。この他、地元在郷軍人会でも彼は活動した。また総選挙では、地元大館のある北秋田郡の票の他に、政友会県支部から山本《やまもと》・鹿角《かづの》両郡の票が与えられ、第十九・二十回総選挙では秋田県第一区（定員四名）から晴れて当選できたのである。

さて、翼賛選挙であるが、彼の日記から抄録して選挙活動をたどってみよう。

昭和十七年三月二十五日　衆議院最終本会議。安藤正純《あんどうまさずみ》の翼賛選挙に対する質問で活気を呈したが、東条英機《とうじょうひでき》総理の発言は生彩なし。夜、星ヶ岡茶寮《ほしがおかさりょう》（北大路魯山人《きたおおじろさんじん》の会員制料亭）で岡田忠彦《おかだただひこ》（元政友会領袖、のち衆議院議長）の招待あり。

三月二十七日　八時横山助成《よこやますけなり》、川村竹治《かわむらたけじ》（ともに秋田県出身の内務官僚）訪問、在任中の謝意を表す。永田町に岡田氏訪問、五、六人詰めかけている。秋田の事情を話し陣中見舞を受ける。大西中将来訪、選挙応援演説の事に就て話しあり。

三月二十八日　〔秋田県帰郷〕

三月三十日　秋田市の鈴木安孝《すずきやすたか》氏の話で翼賛体制協議会の推薦候補に入ったとの事。先ずは一安心。

青森県
十和田湖
鹿角郡
山本郡
白沢
片山
大館
米代川
能代
鹿角
独鈷
(東館村)
尾去沢
宮川
北秋田郡
八幡平
岩手県
南秋田郡
秋田市
雄物川
河辺郡
秋田県第2区

図12　秋田県第1区

四月二日　秋田市へ行く。警察部長室へ集る。部長不在。刑事課長代理、立候補を予定する七人の本人もしくは代理人の会合あり、諸種打合せ。
四月八日　金谷他諸君が集る。看板を掲《ひつさ》げて事務所びらきをする。鷲尾義直《わしおよしなお》（犬養毅側近のジャーナリスト、『犬養木堂伝』の著者）君が来たというので行く。岡田から依頼の分を持参してくれる。
四月十日　金谷、田中其他の諸君と打合せ、鷲尾君訪問、選挙公報を頼む。
四月十一日　演説会第一日。金谷君以下皆揃ってポスター貼り、演説会の事等順調に進行。鷲尾君訪問、公報を盛んに書いて居た。寒そうなり。十二時二十分より白沢《しらさわ》へ行く。国民学校には渋谷村長も見える。一時半頃から第一声ゆえ、速記つきで演説を始める。聴衆十二、三人。忙しい時だからだろう。
四月十二日　演説会第二日。今日は日曜だ。天気がよいのと翼賛壮年団の結成式があると云うので聴衆七、八人。兎《と》に角《かく》始める。
四月十五日　庄司、柴田君と東館《ひがしだて》へ出掛ける。聴衆、女の先生も入れて六、七人。それでも真面目に終えて独鈷《とっこ》へ来る。こゝは廿人位いる。
四月十八日　本土初空襲。能代《のしろ》の街の新聞張出しで初めて知る。寒い。霞《かすみ》の吹雪《ふぶき》だ。
四月十九日　宮川の谷内へ行く。ムラの集会所で一時から開会しようとしたが、警戒警報が入ったので少し待つ。二時頃からやる。聴衆七、八人。
四月二十日　高瀬君に迎えられて尾去沢《おさりざわ》へ行く。復興尾去沢の立派さに驚く。午後一時から開会、聴衆二人、レコードなり。
四月二十三日　秋田市合同演説会（午後七時）。聴衆六、七百人。
四月二十九日　二、三電話で状況を聴く。よいようだというだけで誰もはっきり見当がつかない。七時から片山の集会所で最後の演説会、十五、六人集まる。時よし、桜はほの白く咲いてる。
四月三十日　衆議院総選挙。いよいよ当日だが、今までと違ってなすべき事もない。新聞を見て日記をつけ、洋服に着替えて事務所へ行く。うららかな珍らしい御天気だ。桜はまさに満開、事務所には人ばかり居た。
五月一日　十一時頃から電話で鹿角の開票の結果が来る。その内に能代がわかった。案外少い。三百六十何点かだ。信太君は三千二百点の大得点でもう大丈夫。秋田市は町田忠治さん圧倒的、これは当然。僕の方はこれも四百何十票で案外少ない。其《その》内《うち》に鹿角全体がわかった。千四十七点、前回より三十点ばかりふえた位のものだ。尠《すくな》くとも千五百を当てにしていた。この成績ではがっかりだ。
五月二日　郡は大体予想通り。結果は南秋田郡によってきまると思う。いよいよ四時

別得票数（第19〜21回）

秋田市	河辺郡	南秋田郡	山本郡	北秋田郡	鹿角郡		合計
3988	2099	5104	887	9150	5198		26426
999	769	2787	12008	457	175		17195
1553	1468	9200	165	316	879		13581
589	119	145	2483	7016	793		11145
1190	2089	5123	1628	113	1001		11144
466	530	1069	686	2902	473		6126
2816	1422	3920	313	6218	3740		18429
754	538	2020	10155	396	71		13934
656	156	859	2404	8110	1039		13224
2183	1684	7378	82	306	643		12276
1018	980	2862	1500	1394	1363		9117
961	1445	3172	1568	565	617		8328
412	458	722	574	3096	241		5503
						能代市	
5400	1637	1401	558	4509	4569	537	18611
441	155	919	5997	354	69	3361	11296
1243	1671	6589	1087	89	208	233	11120
1868	1065	4488	571	811	1112	556	10471
414	65	78	640	7759	1049	332	10337
384	238	407	526	4553	580	200	6888
1545	661	1335	715	618	1183	483	6540
2968	367	1714	485	125	81	252	5992
73	180	107	43	2070	444	68	2985

表11　秋田県第1区郡

第19回	
町田忠治	民政党
信太儀右衛門	民政党
中川重春	民政党
中田儀直	政友会
石川定辰	政友会
金作之助	養正会
第20回	
町田忠治	民政党
信太儀右衛門	民政党
中田儀直	政友会
中川重春	民政党
古沢斐	社大党
石川定辰	政友会
金作之助	養正会
第21回	
町田忠治	推薦
信太儀右衛門	推薦
二田是儀	推薦
中川重春	非推薦
中田儀直	推薦
金作之助	非推薦
古沢斐	非推薦
加賀谷保吉	非推薦
畠山重勇	非推薦

近くなった。最後の結果がわかる時になった。遂に中川君に敗けた。万事休す。岡田、川村、古島一雄《こじまかずお》、横山其他の人々に電報で御詫《おわ》びする。

五月三日　選挙に負けたし、風邪にはなるし悪い時は悪いと観念する。しかし今度の選挙は、当初からこんな予感があったのか、励みがなかった。家の者も案外落胆はない。

（「中田儀直日記」、国立国会図書館憲政資料室所蔵）

翼協から東亜連盟まで

選挙資金は元政友会領袖《りょうしゅう》で衆議院議長となる岡田忠彦から貰っていたようである。岡田はもともと内務官僚であったが、岡山県出身であり、広い意味で犬養系といえよう。また、演説会はやはり以前と同様に旧政友会系の地方議員と一緒に回っており、その地域もおおむね北秋田・山本・鹿角三郡と以前と同じであった。表11から実際の得票を見ても、この三郡に依存していることは明らかである。

政友会以外では従来のように、木堂会（鷲尾義直が選挙公報を執筆していた）、青年会、在郷軍人から支援があったが、面白いのは石原莞爾《いしはらかんじ》が主宰する東亜連盟《とうあれんめい》と関係を持っている一方、大館出身で中田とは旧知の内務官僚横山助成が、大政翼賛会事務局長をしていたことから推薦候補にもなっている。川村竹治も秋田県出身の内務官僚で司法大臣経験者、古島一雄は犬養の側近である。つまり、彼は旧政友会・犬養系・内務官僚・軍（主流派と非主流派）と多角的なルートを通じて諸方面と関係を持とうとしていたように、個人の力による地盤の開拓の必要に迫られていたのである。しかし、彼は落選した。その原因は表11にあるように、山本郡での旧政友会票が分散したことにあった。

「名望家と公民と国民」の章で述べたように、一般に既成政党は一人の候補者に数郡を地盤として与え、他郡出身の候補者でもその地域の地方議員が協力していたのであったが、政友会が消滅したこの時点では、その保証はなくなっていたのである。確かに、旧既成政党系地方議員を動員し、資金も党領袖から出してもらい、特定地域に対象を絞るというように、運動のしかたそのものに大きな変化はなかった。したがって、旧既成政党の遺産を継承していることは間違いない。

しかし、だからといって、翼賛選挙でも既成政党の地盤が脈々と息づいていたと結論づけても意味はないだろう。なぜなら、ここにあるのは旧派閥領袖―候補者―地方議員という、いままでよりはずっと細くなってしまった個人的関係であり、政党選挙の特徴であった地盤割り当ても、票の貸借も、下からの票の積み上げもないのである。日記全体からは、従来と違って予想が難しく疑心暗鬼になっている印象を受ける。これは、おそらく下から票読みを積み上げていくという方法が取れなかったからである。したがって、彼らは既成政党ルートで失った分を別の方で開拓しなければならなかった。

断片化する既成政党の地盤

中田の場合は、それまで地盤でなかった秋田市や南秋田郡に期待をかけたのだが、それは叶わず、逆に前回は中田よりも下位だった中川重春《なかかわしげはる》が、今回では個人的な縁故を利用して各郡から広く票を集め、中田と逆転することに成功したため、彼は落選したのである。

この間、確かに買収行為はほとんどなかったように思われる。警察は以前にもまして厳しく違反行為を取り締まったが、それでも非常に少なかった。おそらく、それゆえにカネも組織もない新人が立候補しやすい面もあったと思われ、競争率は普選実施後では最高の二・三倍となったのであろう。

おそらくここで重要なことは、彼らが既成政党ルートに依存したか否かではなく、その

図13　中央と地域の関係図（３）

昭和10～30年ごろの保守勢力

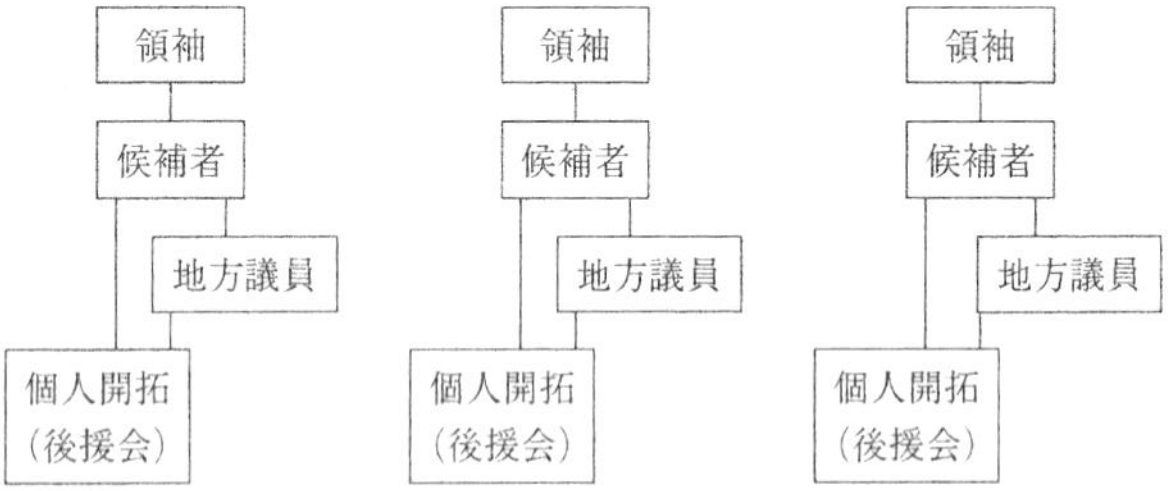

細い個人的な関係が、もし複数集まって束となり再び政党を結成した場合、つまり戦後の保守合同を想起すればよいのだが、それは次章の「「ぐるみ」選挙と保革対立」でみるように、そのまま自民党の構造にもつながるということである。すなわち、「名望家秩序」が弱体化し、それに起因して従来の既成政党は解体したが、候補者たちは中央の旧派閥領袖らと関係を続けて資金的援助を受け、一方で細くはなりながらも「名望家秩序」の遺産を継承して地方議員たちと個別的関係を維持し、他方で個人的な努力できめ細かくそして多角的に新たな地盤を開拓していき、最終的に昭和三十年にそのような候補者たちが結集して自民党が形成されたということになるのではないだろうか。

　そして、この過程では普選による新有権者、および戦後に選挙権を得た女性も取り込んでいったことになる。とすれば、昭和十～三十年（一九三五～五五年）の時期は、二大政党が社会構造の変化や、有権者の増大に対応して保守一大政党へと移行する過程であるといえるかもしれない（図13参照）。

町内会の活性化

以上は秋田県でのことであるが、東京でも似たような現象が進行していたようである。とくに重要なのは町内会の活性化である（波田永実「政党と町内会」『政治学研究論集』四、一九九六年。図14は同論文より作成した東京府北豊島郡池袋町〈現豊島区池袋〉の例）。

前述したように、戦時体制の進行とともに官僚によって確立が急がれた町内会であるが、組織自体は以前から存在し、しかも、この図14からもわかるように既成政党の支持基盤となっていた。しかし、ここでも彼らはとりあえず政党的組織として有機的に結合してはおらず、個々の旧既成政党人と単独で結びついていたのであり、また町内会役員たちは積極的に政党人を支持しようとするのでもなかったようである。

東京府第一区の選挙民の動向を報告した警察文書は、そもそも戦争突入とともに選挙に対する市民の関心は非常に低くなり、とくに既成政党や代議士への「嫌忌《けんき》性」が強まっているが、大政翼賛会の性格も政府の方針も明確でないこの状況では「選挙の現実に直面する時は、自然現象として既成陣営に相当の投票を見るの結果を生ずるは必然」（「各選挙区政治情勢　警視庁官房主事」、吉見義明・横関至編『資料日本現代史四　翼賛選挙①』大月書店、

図14　各町会別地盤勢力関係一覧

- 旧民政系
  - 池袋一丁目第一町会
    - 町会長　エナメル工場主
    - 町会長を中心に旧民政系とみられる
  - 池袋二丁目仲町会
    - 町会長　某
    - 前町会長を中心に勢力優勢
  - 池袋二丁目原町会
    - 町会長　資産生活者
    - 町会長の人望によって地盤は動かない
  - 池袋二丁目北部町会
    - 町会長　某
    - 町会長および副会長で区議を中心に民政系
  - 池袋三丁目西池町会
    - 町会長　本屋主人
    - 部民の一部にとかくの風評あるが，町会長中心に民政系優勢
  - 池袋四丁目町会
    - 町会長　地主で区議
    - 町会長および市府議を中心に民政系
  - 池袋六丁目町会
    - 町会長　車両製造業で区議
    - 町会長中心に民政系が優勢
  - 池袋七丁目町会
    - 町会長　工場主
    - 従来の関係より民政系優勢，一部に東方会系区議の活動あり
  - ⋮

- 旧政友系
  - 池袋緩和会
    - 町会長　鋳物工場主
    - 現在出征中のＨの地盤で旧政友系有力
  - 池袋西山町会
    - 町会長　資産生活者
    - 土着者を中心に政友系は動かない
  - 堀之内会
    - 町会長　某
    - 町会長および区議を中心に政友系，一部大東亜青年隊員の活動あり
  - ⋮

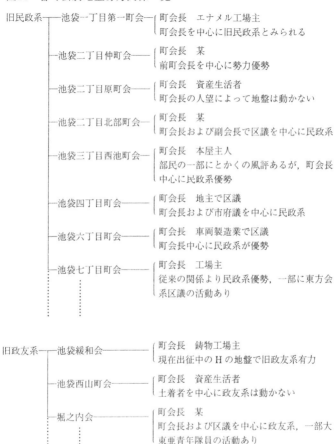

一九八一年）としている。簡単にいえば、しかたなく既成政党候補を支持したのであった。しかし、これまで人口の出入りが激しく住民の組織化が進まなかったマチに、それなりの団結が広がっていったことは重要であろう。前述したように、マチの団結は選挙浄化と深いつながりを持つが、このような構造変動が起きた場合、明治のムラの例からも買収行為が横行することも予想される。このことについては、章を改めて見ることにしたい。

選挙干渉事件　最後に、翼賛選挙といえば、第二回総選挙（明治二十五年）と同じく官憲による選挙干渉が有名なので、これにふれなければならないが、これに関しては吉見義明・横関至編『資料日本現代史四　翼賛選挙①』に詳細な資料が掲載され、あるいは古川隆久『戦時議会』（吉川弘文館、二〇〇一年）に詳しく論じられているので、そちらに譲ることにする。

資料が豊富な東京の場合についてごく簡単に例をあげておけば、まず警視総監《けいしそうかん》の方針は以下のようであった。

選挙演説会並《ならびに》選挙関係集会に於てなす言論は、選挙法令の規定する条項を遵守《じゅんしゅ》せしむべきは勿論でありますが、現下の時局に鑑み其の国内外に及ぼす影響の極めて大なるものあるべきを以て、直接間接に聖戦目的を阻害するが如き言論に対しては躊躇逡巡《ちゅうちょしゅんじゅん》することなく峻厳《しゅんげん》なる取締を加ふると共に、大東亜戦争《だいとうあせんそう》の完遂《かんすい》と大東亜共《だいとうあきょう》栄圏《えいけん》の確立に寄与する建設的且つ積極的なる言論をなさしむる様指導すべきであります　（「署長会議に於ける総監訓示案に関する件」『資料日本現代史四　翼賛選挙①』）

このような方針に基づいて、管内で積極的な選挙干渉が行なわれた。東京では、全部で四千三百五十三回の演説が行なわれたのだが、

	注意件数	中止件数	検束《けんそく》
翼賛会・翼賛協議会に対する誹謗的言論《ひぼうてきげんろん》	一七二	二六	
統制経済に対する誹謗的言論	一六三	一八	
政府の施策や官僚攻撃、軍民離間の言論	一二〇	二五	
不敬《ふけい》および不穏過激の言論	七四	一五	一
推薦制および推薦候補者に対する誹謗的言論	七三	六	
上層部攻撃の誹謗的言論	五五	七	
国論不統一および国内相克示唆にわたる言論	四五	六	
用語不適当、人心惑乱《じんしんわくらん》の虞《おそ》れある言論	三三		一
その他	八九一	一二八	三

と、取り締まりは多数にのぼったのである。これでは、国民が選挙に関心を持たなくなるのも当然であった。

「ぐるみ」選挙と保革対立

独立〜安保闘争

大型化する買収事件

ここでは昭和二十四～三十八年までのⅣ期（第二十四～三十回衆議院議員選挙〈総選挙〉、占領後期～安保闘争など保守・革新対立期）について述べよう。

まず表1（三五ページ）をご覧いただきたい。昭和二十七年（一九五二）十月一日に実施された戦後四回目にあたる第二十五回総選挙では、異常なほど選挙違反者が増加している。これはどのような理由が考えられるのだろうか。

東京での大型事件

まず、東京都の例からみたい。東京都では大規模な選挙違反事件が二件発生した。ひとつは吉田《よしだ》茂《しげる》に近い前田米蔵《まえだよねぞう》派、もうひとつは鳩山一郎《はとやまいちろう》側近の大久保留次郎《おおくぼとめじろう》派であった。

前田米蔵は戦前の政友会の実力者横田千之助《よこたせんのすけ》とともに弁護士事務所を開設し、その横田の関係で政友会から代議士に出馬当選、以後同党幹部となって商工・鉄道・運輸各大臣を歴任、さらに翼賛《よくさん》政治会の常任総務として戦中期の議会を取り仕切った大物だが、そのために公職追放《こうしょくついほう》となった。しかし、独立を契機に追放が解除されるはずであったので、この第二十五回総選挙をめざして立候補準備に余念がなく、前年の春までには選挙区である北・豊島《としま》・板橋《いたばし》・練馬《ねりま》各区に前田米蔵後援会を結成した。それに関わったのは戦前からの既成政党支持者であり、戦争中には町内会役員や地方議員を務めた地元の有力者たちであった。

新聞報道によれば、昭和二十七年五月ごろから本格的に饗応《きょうおう》、買収を始め、各区三〜四人の後援会副会長が各町内の顔役を動かし、会議の名目で二十〜五十人くらい集めて投票のとりまとめを依頼したという。これらのことは、九月二十三日に戸別訪問していた運動員を現行犯逮捕したことが端緒となって発覚し、都議や区議でもある運動員、後援会長ら三十数名が逮捕された。資金として、前田候補から数百万円が出ていたことも判明した。なお、前田はこの選挙では当選、選挙違反で起訴されたものの、議員を辞職するにはいたらなかった。しかし、つぎの昭和二十八年第二十六回総選挙ではそれまで十一回も続けてきた当選がついに途切れることになった。

大久保留次郎は、茨城県出身で東京高等師範《こうとうしはん》学校卒業後、文官《ぶんかん》高等試験に合格して内務警察官僚となり、東京市助役《じょやく》から昭和十五年（一九四〇）には東京市長を務めた。彼も公職追放となったが、昭和二十六年一月に追放解除となって以来積極的な政界復帰運動を始めた。その後援をしたのがＳで、Ｓは自分の持ち山を売って得た数十万円を持参金に大久保の秘書となった。しかし、北多摩《きたたま》郡《ぐん》東村山村《ひがしむらやまむら》（現東村山市）駐在巡査が魚屋の持ち運ぶオカモチに不審を抱いて調べたところ違反が発覚し、饗応の罪で機屋《はたや》つづいて同村議会正副議長が逮捕された。さらに、その資金源のＳも逮捕され、そのＳの自供に基づいて都議七名、元代議士一名、元都議・市議二名、ほか地方議会元理事者など合計七十九名が検挙された。金額としては都議クラスが二十万円（現在の一〇〇万円）、市町村議三～五万円で、総計三百万円（一五〇〇万円）ほどであったという（『朝日新聞』昭和二十七年十月十九日）。ちなみに大久保も前田と同じく当選、起訴はされたが議員を辞職するにいたらず、次回選挙に出馬して落選した。ただし、彼の場合は昭和三十年第二十七回総選挙で選挙区を替えて復活、第二次鳩山一郎内閣で北海道開発庁長官、そして芦田均内閣では警察を監督する立場である国家公安委員長を務めた。

マチの「小ボス」「中ボス」

以上の例から、まずつぎの二点を確認しておかなければならない。第一は前の「官僚たちの挑戦」のところでみたように、マチの団結も維持されたということである。戦後、町内会組織はＧＨＱによって一度廃止されたが、空襲による惨禍《さんか》から復興するなか、この時期は徐々に復活しつつあった。これは、町内会という組織がそれなりの存在意義を持っていたことを意味しているといえよう。そしてそのなかには、町内有力者が町内有権者に対し投票行動において一定の影響力を及ぼす、ということも含まれていたと考えられる。

ただし、これは明治のムラのように、財産のみならず人格識見ともに備わった名望家《めいぼうか》と、彼らに敬意を払う地域住民が「情宜《じょうぎ》」的で全人格的な関係で結ばれたというのではなく、生活的、経済的利害関係が比較的大きな意味を持っていたらしい。たとえば、当時の新聞には地域の「小ボス」として「地域的な商店連合会や職人組合、家主、アパートの管理人」などを挙げ、彼らは二十票から百票ほどを持っており、これらの票は「案外確実だというので、候補者も組織的に働きかけているという。このうち一番確実なのがアパート管理人と家主で、店子《たなこ》は自分の住居の問題なのでいいなりになることが多いようだ」（『毎日新聞』昭和二十七年九月九日）とある。すなわち、江戸時代以来の親子を擬した家主《やぬし》・店子関係を利用しながら、住宅不足のなかで経済的圧力をかけていたようである。

ふたたび表6（五六ページ）をご覧いただきたい。全国では買収犯罪がほとんどの場合八〇％以上であるのに対し、東京では六〇％前後という特徴があるが、それでも第十八〜二十一回総選挙（昭和七〜十七年）、またこの表には現れないが、第二十五回（昭和二十七年）をピークに買収が増加している。第二十八回（昭和三十三年）以降はこの表でも明らかだし、そしておそらく第十二回（大正四年）以前も東京では買収が非常に少なかったと思われ、この時期だけが例外的に多い。それはマチの団結が形成され、それを背景に買収が増加したからではないだろうか（もっとも、大阪の場合は一貫して低い）。ただし、これまで見てきたように、大都市部では戦前から一般有権者には買収を受けることが罪悪であるという意識が高かったようで、第二十六回（昭和二十八年）以降は全国の傾向に反して減少していく。

第二には、候補者—都議—市・区議—町会長という縦のラインが形成され、しかもそこから大量の検挙者を出していたことからわかるように、官僚が最も打倒すべき対象とした「名望家秩序」と似たような体制がその選挙違反の背後にあり、それが個人後援会という形で復活を果たしたことである。

やはり『毎日新聞』によれば、「小ボス」の上には「中ボス」がおり「何百票や何千票を持つといわれる連中で、何の政治節操もなく候補者から一票いくらで金をしぼる連中である。これらブローカー人種は元地方議員、町会長、元地主、団体役員といった地方ボスばかりだ。金が目当のブローカーだからあらゆる候補に口をかけ、金さえ取ってしまえば、あとは野となれ山となれで、金を取られた候補者は大体泣きねいりだ。こういう連中は一選挙で数万円から数十万円かせぐというからボロい」という。

「遺産」と新たな胎動

そして、もちろんムラでも縦のラインは復活しつつあった。もっとも、農地改革《のうちかいかく》が実施され、町村合併も実行されたムラは、戦前とはまったく様相を異にしていた。しばしば指摘されるように、戦前のような名望家的地主は減少し、替わって新たに大字《おおあざ》レベルで全体的な支持を集める役職者（町村会議員など）が登場し、彼らがこのラインの末端に位置することになる。このような動きは、すでに昭和戦前期からみられたところであるが、彼らがどのようにして支持を集め、それがさらにどのように結集されて国政選挙に合流していったのかはたいへんに興味深いところである。最小地域単位での地縁関係を基礎にした血縁関係・親分子分関係・その他冠婚葬祭などに関わるプリミティブ的な人間関係に、農業協同組合・農業委員会・各種生産者団体・消防団・婦人会・青年団など戦前からの社会・経済団体も含めて形成された人間関係を加味して地域社会の底辺が形成されたのであろう。

このような地殻変動に「名望家秩序」の遺産が加わり、さらに、たとえば鳩山ブーム、社会党ブームなど中央の動向とも結合することによって、比較的スムーズに縦のラインが形成されたようである。この上昇気流に乗り、最小地域単位からのし上がって、代議士、大臣に登りつめた人物も多数登場してくる。このように、昭和二十年代は急速に新たなムラが形成された時期であった。また、選挙の面からいえば、明治三十年（一八九七）以降ムラの団結を背景に選挙が戦われたのと同じように、ふたたび最小地域単位における固定票を基礎としそれを積み上げる形で得票予想がなされ、選挙戦術が立てられていくことになる。それはまた、違反者数の増加も招いた。以下は群馬県の例である。

選挙のためにつくられたといわれる候補者の名前をつけたその××研究会には選挙区の各郡、各町村ごとに支部長がおり、候補者に対する激励という名目で時々、郡の支部長が選挙事務所に集合する。ここで各支部長と選挙参謀とが買収金の総額を打合わせ、話がまとまると各支部長にその金が渡される。この資金は違反が発覚した場合に、選挙事務所の本部にまで波及することを防ぐため、その額を十五、六万円（七五〜八〇万円）程度の小額ずつとし、しかも居合わせた誰かがこれを立替え、選挙参謀からは直接に渡さない。郡の支部長は地元に帰ってからさらに各町村の支部長を自宅に集め、五千円くらいずつ封筒に入れて配り、会員にバラまく資金にさせるというものである。しかしこの例は会員の一人一人にその金が行きわたる寸前に、次々と検挙されてしまった。（田川誠一「選挙違反の実状」『世界』八四、一九五二年）

また、昭和三十年代の千葉県自民党の場合であるが、代議士と県議、市議・町村長・町村議たちが、複雑で流動的ながらも選挙の時には個人後援会として、それぞれが縦の親分—

子分的関係で力強く結びつき活動する姿を描いたのは伊藤隆氏であった（「戦後千葉県における選挙と政党」『昭和期の政治』山川出版社、一九八三年）。

ところで、この昭和二十七年（一九五二）の第二十五回総選挙について、『毎日新聞』はさらにつぎのように述べている（抄録）。

労働組合

今回の選挙ではそのような「中ボス」以外の別の人種を多く雇うようになってきた。それは「商業組合などの組織を持ったボス連中だ。ひどいのになると労組《ろうそ》を売るようなものもあるといわれ、足立区では某労組委員長が保守党の某候補と盛んにのんでいるといううわさがシキリだ」、またある同業者組合の会長は東京第一区の某社会党候補に売込みに来て、一日二百四十円で十数名を運動員として雇ってもらえば、われわれの百票は差し上げると要求したという。

すなわち、従来の地域共同体と異なる組合・団体が台頭してきたのである。都市部では、戦前から中小の同業・商業組合が集票マシーンとして機能していたが、戦争中の配給統制の必要からさらにそれらは組織化されていったし、工場では産業報国会の流れを引く労働組合が戦後大きな力を持つにいたった。農村では耕地整理組合や農業会が重要な単位となり、その他旧翼賛壮年団・在郷軍人会・警防団も無視できない力を持っていたという。

なかでも重要なのは労働組合であろう。多くの労組を傘下におさめて結成された総評

（日本労働組合総評議会）は当初GHQの支援もあったが、単独講和、再軍備反対論を主張して政府との対決姿勢を強め、勢力も急速に拡大した。このうち対決姿勢に不満を持ったグループは脱退して全労会議（のち同盟）を結成、対決派は社会党左派→社会党、後者は社会党右派→民社党を支援することになった。そして、党から各組合に推薦候補を割り当て、各組合員からの少額のカンパを選挙資金とし、組合員を手弁当で運動員として動員するという「組合ぐるみ」方式によって票を固め、さらに組合員の妻も動員する「家族ぐるみ」の闘争を展開した。この他青年インテリ層の浮動票、「官僚たちの挑戦」の章でみた三宅正一《みやけしょういち》のような個人後援会的支持者票などを加算することによって、支持が停滞する保守勢力を尻目に、革新勢力は右肩上がりで支持を増加させ、近い将来において保革が逆転するのではないかという強い危機感を保守派に抱かせたのである。

急増する買収の要因

以上から、第二十五回（昭和二十七年）における選挙違反者の急増は、つぎのように説明できるのではないだろうか。第一次大戦後から第二次大戦後にかけての社会変動やそれへの官僚側の対応によって新たに多数の団体が出現し国民をきめ細かく組織化していったが、昭和戦前・戦中期は官僚の監視が厳しかったためそれらを買収することは困難であった。しかし、戦後になり激しく対立する保革両陣営はどちらが先にそれらを取り込むかでしのぎを削らなければならず、とくに保守派のなりふり構わぬ作戦が買収となって摘発されたのである、と。

こうして、買収もきめ細かくなり、違反者も急増したと考えられる。そして、この傾向は高度成長期まで続くことになった。

史上最大の買収事件

以下、第二十六回（昭和二十八年）総選挙以後におけるいくつかの典型的な事件を紹介しよう。

〔A〕規模の点からいえば、参議院全国区のことであるが昭和四十年（一九六五）の小林章派の事件が最大であろう。最終的にはなんと総計千四百三名が二十七都道府県にまたがって逮捕されたのであった。小林は大蔵省高級官僚で専売公社（現日本たばこ産業）を背景に立候補した。専売公社とはタバコと塩を専売する公社であるが、本社の他に全国十六の地方局があり、それぞれが工場と生産部門・営業部門の支局を抱え、個別に生産者や小売商などの関連業者と関係を持っていた。専売公社全職員は約四万三千人であったが、労働組合の「全専売労組」員約三万九千人は同組合が推薦する社会党候補者に投票したようで、タバコ耕作者約三十一万人、タバコ販売業者約十八万人、塩販売業者約七万人がこれら地方局の幹部から小林への投票を依頼されたのである。

雑誌報道によれば、まず専売公社総裁・幹部が、立候補を考えていたタバコ耕作組合中央会会長に利害関係をちらつかせて辞退させ、小林への推薦を獲得した。つぎに販売業者に対しても販売の許認可権などを利用して支持を取り付けようとした。その一環として、選挙公示前に開催された東京杉並区のたばこ商協同組合総会において、約五百人の組合員に車・食事代金として三百円（七二〇円）、おみやげとしてマッチが渡された。これ自体は例年の慣習でありとくに問題はなかったが、この席にわざわざ出席した候補者夫人が「小林が在任中はおせわになりました」と意味ありげに挨拶したことから違反の疑いが生まれ、さらに調べていくと公社出張所長が同組合理事会で「小林氏が今度立候補するのでよろしく」と発言していたことが判明、これが明らかな事前運動と見なされ逮捕された。そして、以後続々と似たようなケースで摘発された。また、小林の選挙資金は、東京オリンピックを記念して発売された記念タバコの販売促進費から捻出されていたともいう（『サンデー毎日』昭和四十年八月二十二日号）。

〔B〕東京都西多摩郡《にしたまぐん》での町ぐるみの事件。この山間地ではほとんどの村人たちが林業と薪炭業《しんたんぎょう》を生業《なりわい》としていたが、第二十九回総選挙（昭和三十五年）でこの東京七区から保守系だけで四人が立候補していた。そのうち、ある候補を支持した奥多摩町の町長、町議四名、農協常務理事ら地元有力者二十数名が逮捕された。彼らは山を所有しており「木を買いにゆくのにも、手みやげをもって売っていただきに」ゆかねばならない「旦那《だんな》」連で、村政も牛耳っていた。

逮捕された町議たちは、村内各地区の有力者を集めて饗応《きょうおう》しカネも渡して票のとりまとめを依頼していたようである。この村では人が集まれば酒を飲むのが習慣であり、いつの選挙でもこのように人が集まって酒を飲んでいたという。そして、彼らが逮捕された結果、町役場・町議会は機能しなくなってしまった（「選挙違反で町政がストップ」『週刊現代』昭和三十五年〈一九六〇〉十二月十八日）。

小さなムラの大きな事件

〔C〕昭和三十八年（一九六三）埼玉県大里郡《おおさとぐん》の小さな村で、村民の半分が逮捕された大型事件。以下、新聞報道から紹介する。

Tらは村長選挙告示前の一月十日ごろまでにそれぞれ村内各地区の推薦会という名目で開かれた会合に出席し、百二十円から二百円（六〇〇円）くらいの酒食のもてなしを受けた疑いで、またKらはやはりこの村長選で落選したA候補への投票を頼まれ、推薦会で一人あたり百五十円前後の酒食のもてなしを受けた疑いで逮捕された。この他、この村では同じ容疑でこれまでに十六人が逮捕され、さらに十五人が有権者を推薦会にかり集めた疑いで調べられるなど、世帯数約千七百余戸の同村で違反関係者は約八百十一人となった。有権者たちは、ほとんど隣近所のおつきあいといった軽い考えで推薦会に出席し、酒、つまみ、ジュースに蜜柑《みかん》などのもてなしを受けたが、警察当局は飲み得《とく》、もらい得の考え方を一掃する方針で大量検挙した（『朝日新聞』昭和三十八年三月十日）。

以上は、わずかな例にすぎないが、とにかくこの時期の選挙犯罪の特徴をまとめておこう。第一は選挙運動の主眼が組織の取り合いにあった、すなわち「ぐるみ選挙」であったため、事件が大規模化したということである。ここでいう組織自体は、〔B〕や〔C〕のように小さな村内各地区、あるいはさらに小さい「家族ぐるみ」、逆に専売公社をはじめとする巨大な官公庁・企業、そして巨大な労働組合と大小さまざまであるが、人数的にはどちらも大規模化する可能性を持っていた。

もちろん組織が特定候補を支持することに問題はないし、その組織の全員が熱心に候補者を支持すれば、選挙違反が起こる余地はまったくないのだが、問題は、組織の団結力も、構成員が候補を支持する力の入れ方もさまざまであるということである。一般的にいえば、ほかにとくに支持する候補者がいなければ、組織の推薦する候補に投票するだろうし、その際に一度くらいの酒食を提供されても、あまり気にならないかもしれない。しかし、もうすこし強い意味でほかに支持候補者がいた場合は、その組織はその個人に、より積極的に働きかける必要が生じ、それはより高額な買収となる可能性を持っているといえよう。

また「ぐるみ選挙」の場合は、しばしば候補者がその組織を利用するだけでなく、逆に組織が選挙というイベント（それはカネやモノを伴う）によって維持・強化されるということもあろう。両者は相互依存の関係にあるのである。しかし、一度そこに司直《しちょく》の手が入ると、その団結は急速に弱まるようである。したがって、この時期の大量の違反取り締まりは、社会における形骸化した因習を規制し、新たな社会秩序を形成しようとする意味も含まれていた。これは公明選挙運動とも関連して、昭和四十年代以降に成果となって現れてくるようである。

少額の買収

第二は、末端の有権者にはほとんどが百円から三百円相当の酒食であり、非常に安いということである。

後援会等の組織を通じて行なわれる買収事犯が目立っているが、この場合においても組織の末端にいる選挙人に対して、現金を供与して働きかける投票買収が行なわれることは比較的少なく、選挙人に対する投票買収は主としてきょう応とか物品供与という形で行なわれているようである。……投票買収に現金が使われる場合には、選挙人一人あたりの額は数百円程度でありまた、物品供与とか饗応の場合でも一人あたりの金額に換算すると比較的少額の場合が多いようである。即ち酒の場合は二級酒、焼酎、菓子、味の素、タオル、石けん、靴下、割烹着《かっぽうぎ》、前掛け、等の食料品や日用品を供与している例が多く見受けられる

(大森忠「衆議院議員総選挙における選挙違反について」『選挙』二一〇―五、一九六七年)

といわれるように、金額ならばビール一杯におつまみ程度、物品ならば新聞勧誘の際の景

品程度であった。

個人後援会の変遷

第三に、候補者側からいえば個人後援会という形式をとり、そのルートを利用して買収することが多かったということである。個人後援会という形式が、戦前期から買収の口実として利用されてきたことはすでにのべた。個人後援会とは本来、特定の候補を当選させたい者たちが候補者を中心に集まる親睦団体なので、たとえば安い会費で高額の金品を配ったり、旅行に連れて行ったりしても、それはけっして政治活動でも選挙活動でもなく内部の行為であると、彼らは主張するのである。もっとも当然のことながら、この後援会を舞台にして事実上の買収が行なわれれば、戦前からも摘発されてきた。

さて戦後になって、この後援会が徐々に別の意味も持ち始めてきた。まず先にみた前田米蔵の場合がそうであるが、ここでは地方議員たちを組織する装置となっている。さらに、地方議員ばかりではなく、会社・労組・同業組合・宗教団体などのような組織「ぐるみ」、あるいはもっと個人的な友人・学校同窓会・PTAなど多様な関係を包含するものにもなった。

個人後援会による選挙違反が多かったため、昭和三十七年（一九六二）の公職選挙法改正によって選挙期間はもちろん、公示の三ヵ月くらい前から後援会による有権者への寄付

（買収）や、集会などにおける物品供与・饗応が禁止された。にもかかわらず、依然としてこれを舞台とする選挙違反は起こったが、重要なのはこのころから後援会が大きく変貌し、地盤の培養を主目的とするようになっていったことである。すなわち、買収の口実であったり、既存の組織を取り込むという消極的なものから、持続的、主体的、無差別的、積極的に国民のあいだに浸透しようとし始めたのである。

「名望家と公民と国民」の章でみたように、代議士候補による地盤培養もすでに大正時代から行なわれ、個人後援会という形式も昭和初期から広く行なわれてきており、両者はともに新しいものではなかったが、それが有機的に深く結びつき、各政治家が掲げる目標を達成させるべく、その政治家を中心に据えて多角的な人間関係がアメーバ状に有権者の間に広がっていくのがこの時期であったということである。

簡単にいえば、従来のような地元有力者たちが取りまとめる票では限界に達し、当選のためには「一般有権者の間に直接の支持を組織化」する必要が生じ、それを「会員多数を擁する組織に任せ」たものであり（カーチス『代議士の誕生』サイマル出版会、一九六九年）、以後も現在にいたるまで成長しているといえよう。

公明選挙運動

ところで、選挙違反が急増した昭和二十七年（一九五二）十月の第二十五回総選挙を前にして、理想選挙を実現しようとする動きも起きてきた。以下、この運動の性格とその意味について考えてみたい。

選挙粛正運動の復活

昭和二十六年十二月、小山忠義・伊藤博・横山正一・古谷敬二・田辺定義ら五名は、東京日比谷の市政会館に数回の集会を持ち、さらに翌年二月には古島憲・松原一彦・市川清敏・野村儀平らも加わり、急増する選挙違反を憂《うれ》え、選挙界浄化が必要であるということで一致した。彼らはいずれも、戦前の東京市会浄化運動や選挙粛正《しゅくせい》運動の関係者たちであった。その後、後藤文夫《ごとうふみお》・前田多門《まえだたもん》・下村宏《しもむらひろし》（海南《かいなん》）・松本烝治《まつもとじょうじ》・村田省蔵《むらたしょうぞう》・石黒忠篤《いしぐろただあつ》・丸山鶴吉《まるやまつるきち》・市川房枝《いちかわふさえ》など、後藤新平《ごとうしんぺい》系や新官僚と呼ばれた旧内務官僚らに接触し、同意を得ていった。

そして、新聞界に顔がきく下村宏の仲介で、朝日・毎日・読売全国三大紙が五月四日朝刊第一面に四段抜きで「独立に当って、民主政治を確立することが何より大切であるが、その仕事は我々国民にゆだねられている」、しかし「選挙の実情は、遺憾《いかん》ながら金力による、あるいは情実に流れる選挙や違反の多いこと、驚くべきものがある。現に、来るべき衆議院議員総選挙に対し、全国的に行なわれている事前運動は、はなはだしい乱脈ぶりを示している」、そこで「この際選挙を正しくするために、毎日、読売、朝日の三新聞社は、共同して、紙面を通じ、あるいは他の適当な方法で、一大国民運動を展開することにした」との声明を発表し、その後は論説欄の場で強調したり、論文・標語を募集するなどの活動を行なった。

他方、五月一日には全国選挙管理委員会が、公明選挙運動《こうめいせんきょうんどう》実施要項を定めた。これは「選挙の腐敗を防止するとともに、進んで選挙の本義を解明」するため、全国で講演会・座談会の開催、印刷物の配布、紙芝居・スライドの上映を提案、また「広く民間団体の自主的運動として、各方面各階層から盛り上る」ために政党・新聞社・放送局・地方自治体・青年団体・婦人団体・経営者団体・労働者団体・宗教団体などへ協力を求めるものであった。

そして五月七日、こんどは衆議院で「公明選挙推進に関する決議」が可決された。この決議のなかには「国民の自覚を深めるため選挙粛正の一大国民運動を展開」という文言も含まれていた。これらをうけて、政府も七月一日に「選挙の公明化運動に関する件」を閣議決定し、政府自身がさまざまな啓蒙活動をするとともに「民間団体の運動に対し側面的な援助」をすることも決めた。

「極右」「極左」を排す

もちろんこれらの動きの背後には前述のメンバーたちが活躍していた。そして彼ら自身も機が熟すのを待って同年六月四日、公明選挙連盟を結成した。

その趣意書では、まず戦前の選挙粛正運動について「少なくとも不当に巨費をバラ撒《ま》くような不真面目な選挙運動を牽制《けんせい》する役には立った」と評価するが、その後の「国を襲った非民主主義的旋風は、無残にも日本の立憲政治を寸断」してしまったとして軍国主義化を非難、戦後になり民主主義は制度上確立されたが、「民主主義の精神」は一向に涵養《かんよう》されておらず、むしろ事前運動の拡大にみられるように選挙界の腐敗が顕著になってきている、選挙において地方的利害ばかりに気を取られて国家のことをないがしろにしたり、とくに買収などカネをかければ「各種の運動請託に不正なる黄白《こうはく》（カネのこと）の授受が伴い、延《ひ》いては公費の濫出《らんしゅつ》となり、一般民衆の血税の負担において、奇怪なる政治取引が行なわれ、弊風《へいふう》の蔓延《まんえん》するところ、政治全体の不振腐敗を招くに至るのである。今にしてその救治策を講じなければ、民主政治に対する呪詛《じゆそ》漸《ようや》く昂《たか》まり、或いは極左極右の矯激《きようげき》なる運動に抬頭《たいとう》進出の好辞柄《こうじへい》を与え、遂には国を亡ぼすに至る」であろうと述べている（「公明」という言葉は公明正大からきており、ジャーナリストの山浦貫一《やまうらかんいち》が考案したという）。

確かにこの運動は違反の激化に触発されて起こったものであろうが、それよりも、いま掲げた趣意書にその創設の意図がよく現れているように思われる。すなわち、選挙粛正運動との連続性が強調されているのだが、これは彼らにとっては戦前の極右的な「ファッショ」勢力、そして戦後急成長する暴力革命志向の極左的勢力から治安を守るという点で共通していたのである。だからこそ、堂々と戦前の運動との連続性を前面に出せたのである。

さらにいえば、地方的利害に気を取られてはいけないという文言にもあるように、それを得意とした戦前の政党政治をも批判しており、非常に高い理想を掲げた、換言すれば観念的なものであった。

昭和二十九年（一九五四）選挙の時のことであるが、彼らのあいだには「選挙浄化のためには単なる啓発だけでは不十分であり、自ら立派な候補者を立てて理想選挙に進まねばならない」と推薦候補制度すら検討されていた。「官僚たちの挑戦」のところでみた官僚たちの大いなる挑戦は、戦後にも継承されていたのである。しかも、それに新聞社も国会議員も賛意を示したように、幅広い支持を集めていた。ここにも、日本に伝統的な選挙違反への強い嫌悪感が発揮されていたのである。

運動の展開

その後のこの運動について簡単にふれておく。当初は第二十五回（昭和二十七年）総選挙をめざした臨時の運動であった。結果として確かに投票率という点では大いに効果を発揮したが、逆に違反は急増したため、むしろ常時啓発の必要が叫ばれるようになり、同年十二月十六日前田多門の斡旋《あっせん》で市政会館内（東京日比谷公園）に財団法人として改めて事務所を開いた。

以後、この公明選挙連盟は、講演会の開催や講師派遣、新聞社・各地選挙管理委員会・青年団・婦人会などとの協議会、『公明選挙時報』の発行、選挙に関する調査研究を事業内容として活動した。昭和二十九年（一九五四）の公職選挙法改正によって各地選挙管理委員会は「公明且つ適正」な選挙が行なわれるよう常に啓発しなければならないとされ、その費用は国庫から相応の負担をすることに決まった。こうして公明選挙連盟は、国家の委託事業となったのである（公明選挙連盟編刊『財団法人公明選挙連盟二十年史』一九七二年）。

昭和三十年代（一九五〇年代後半）に入って最も力をいれたのは、「話し合い運動」であった。これも選挙粛正運動の際の部落会・町内会における懇談会方式を踏襲し、草の根から根絶しようとするものであった。では、実際の効果はどうだったのだろうか。残念ながら、それを測定することはできない。表1（三五ページ）にあるように、違反者数は昭和三十年代は非常に高く、少なくともすぐに絶大な効果を顕したとはいえない。しかし、選挙違反、とくに買収行為に対する有権者側の罪悪感が増加したことも間違いないであろう。それは逆説的ながら、買収方法が巧妙になったことからも推測できる。

買収のテクニック

当時の巧妙な買収方法については、一俵公明「アパッチ選挙を葬れ」（『文藝春秋』一九六二年七月）、太田忠久『むらの選挙』、公明選挙連盟編刊『選挙違反事例集』（一九六四年）などにくわしいが、ごく一部を紹介すれば、

・候補者名を大書した選挙カーをたんぼ道にわざと落とし、傍にいた農民たちに手伝ってもらって上に引き上げ、御礼に多大なカネを渡した。

・候補者が素封家《そほうか》としては当然の慣習として、自宅の新築祝いに近隣住民に多額のカネを振る舞った。

・候補者自らが関わる神社の落成一周年を記念して氏子《うじこ》たちに集まってもらい、高額の酒肴《しゅこう》を振る舞った。

・ある候補の演説会が終わったあと、職場の冷蔵庫に、誰の物ともわからずにビールが置かれてあり、それを職場のみんなが飲んだ。

・親類の家に行き、知らぬ間に千円札数枚を座布団の下に置いて帰る。家人はそれが親類のものではないかと疑いつつも、はっきりと特定できないため財布にしまう。
・選挙運動に組合大会の名目で組合員を招集し、その際の日当費、動員費としてカネを払ったり、会社勤務中に社長が従業員に選挙運動の日当として現金を支給する。

以上の例からわかるように、それが明確に買収であるというのではなく、社会的慣習か、あるいは出所不明として取り扱うことも可能な形で行なわれていた。

明治期の場合も、買収はカモフラージュして行なわれることもあったが、その実態は明らかに買収とわかるケースが多かった。しかし、ここではそれも半信半疑となっており、より巧妙化してきたといえよう。

そして重要なことは、これが著しく有権者の罪の意識を減少させ、おそらく自己の良心に対しても、なかば納得させることができたであろうということである。それに対して、この公明選挙連盟の運動は、それらが明らかな違反であることを周知させようというものであった。

みずから蒔いた種？

ところで、この運動が相手にしたのは前述したように、きめ細かくかつ深化した買収犯罪であった。では、そのきめ細かく深化した買収はどうして可能になったかといえば、それは戦前の選挙粛正運動の際に買収撲滅をめざす官僚たちが、きめ細かい組織を国民の間に作り、それを戦後の候補者側が利用したからである。とすれば、この運動も、戦前期に官僚たちが「名望家秩序」を作りそして壊したのと同じように、みずからの行為に対して責任を取るという側面もあり、いわば社会のスクラップ・アンド・ビルドを行なっていたといえるかもしれない。

以上のように、民間中心に行なわれた公明選挙推進運動であったが、政府も徐々に積極的になり、その支援で昭和三十六年（一九六一）までには四十三都道府県で選挙管理委員会と強いつながりを持つ公明選挙推進協議会（民間団体）が結成され、そこに国庫から委託費も出されるようになった。そして、昭和四十年からは名称を「明るく正しい選挙」と変更し、各地の推進協議会の連合体である「明るく正しい選挙推進全国協議会」も同年九月二十九日結成（四十二年に財団法人化）、以後の啓発運動はこの団体が中心となっていった。

昭和四十九年（一九七四）、「明るく正しい選挙推進全国協議会」は「明るい選挙推進協議会」に名称を変更、昭和五十一年に「公明選挙連盟」と「明るい選挙推進協議会」が合流して「明るい選挙推進協会」が発足、現在にいたっている。

イメージ選挙と違反の減少

高度成長期から現在へ

イメージ選挙と過疎化

弱まる組織的団結

昭和四十年代（一九六〇年代後半）初頭から起こった社会構造の大きな変動、それは高度経済成長、都市化と過疎化、戦後世代の登場、3Cなど電化製品の普及等に代表されるものであり、日本の歴史学界では、天子の住む平安京を中心に営々と築かれた政治・文化体制が崩壊する原因となった応仁《おうにん》の乱《らん》（一四六七〜七七）以来の大変動という表現もあったほどで、この大きなうねりは国民の生活スタイルを一変し個人の価値観の多様化を促した。

そして、このことは、選挙においては前章でみた公明選挙運動と相まって、これまで強調されてきた組織的団結が弱まり、ついに国家と国民が直接に向き合う形となって現れた。この結果、イメージ選挙が展開され、個人後援会も変貌していくことになった。ここでは、選挙違反が減少していくこの昭和四十二〜平成五年（一九六七〜九三）までのV期（第三十一〜四十回衆議院議員選挙〈総選挙〉、佐藤栄作《さとうえいさく》〜宮沢喜一《みやざわきいち》までの自民党内閣期）を扱う。

イメージ選挙

イメージ選挙の登場は、アメリカのケネディ大統領の選挙戦術を契機にしているようである。ケネディがテレビ討論会での見栄《みば》えの良さでニクソンを圧倒したことは有名であるが、それが日本にも移入された。

それを最も印象づけたのが昭和四十二年（一九六七）東京都知事選挙での革新陣営候補美濃部《みのべ》亮吉《りょうきち》であった。ブルーをシンボルカラーとした選挙戦術は、都会の青年・インテリ・女性を中心にクリーンで清新なイメージを与え、貴種であることもあって大量の浮動票を獲得したのである。これは社会党・民社党・共産党間の票の奪い合いの激しさ、あるいはその中央集権的体質への嫌悪、賃金の上昇などで労組の組織票が衰退した革新陣営にとって大きな力となった。

他方、地盤培養をめざす個人後援会も、保守・革新を問わず普及した。その活動を列挙すれば、候補者の活動報告会開催、会報の発行、居住地の掲示板の活用、運動会・ハイキング・ゴルフ・野球・ボーリング・カラオケなどレクリエーション・旅行・新年会などの実施、入学・就職など個人的依頼の斡旋《あっせん》、道路・水道など地域に密着した問題の解決などであるが、これについては詳述する必要はないだろう。

図15　銀座の歩行者天国で有権者に握手をする美濃部亮吉候補
（都知事選，1971年３月，読売新聞社提供）

カネよりも地盤

ただ一言付け加えれば、戦後第一世代の代議士は自らが下からはい上がってきたり、そうでなくとも連続当選を重ねるうちに自らが主体的に後援会の形成に関わってきたが、その後援会が巨大になるにしたがって、もはや個人が一から創り出すのでは到底追いつかないような状態になっていった。それを象徴する二つの選挙違反事件がある。

ひとつは第三十三回総選挙（昭和四十七年）における東京第二区の神戸敏光派、もうひとつは第三十六回（昭和五十五年）の愛知県第四区内田康宏派である。両者の共通点は父親が選挙運動に積極的に関わって逮捕された点で、しかも前者は不動産業、後者は市長と、相当のカネ・人脈を持っており、息子を二世議員のようにしたかったのであるが、衆議院選挙用の地盤はなく、それを無理矢理に作ろうと買収に走った。にもかかわらず、ともに大差で落選したのであった。

このように巨大化した個人後援会組織に乗って、この時期では徐々に二世議員が増加していくのだが、それは戦前期に地方名望家《ちほうめいぼうか》が中央人種を担いだように、戦後も地元後援会組織と、中央の議事堂・政党本部を主戦場とする二世議員という形に分離していくことになり、両者の連絡は地元後援会幹部が東京に出向いて行なうという分業体制ができてくる。

さて主題である選挙違反に戻るが、このV期の違反を数字的にみれば、以下のような特徴がある。

一、違反者数が減少したこと、
二、とくにV期の当初は運動者側違反者の減少が目立つこと、
三、一件あたりの買収額が増加すること、
四、警告が増加すること、
五、表6（五六ページ）にあったように、東京・大阪のような大都市では全国平均と比較しても非常に少なく、山形・山梨・石川・香川・愛媛・大分など一部の県とはかなり格差が生じたこと、

などがあげられる。ここからは明らかに、農村部と都市部に二極化する傾向が読みとれるので、それにしたがって論をすすめよう。

過疎化と選挙違反

昭和五十四年（一九七九）の第三十五回総選挙で、官僚出身の自民党候補は自分の故郷長野県長谷村で村の投票のなんと九一％を獲得、しかも村の投票率は九八％という驚異的な数字を記録した。この異常な数字の背景にあったのは、南アルプス・スーパー林道の建設によって過疎《かそ》からの脱却を期待する村民の熱い想いであった。長谷村はそれまでの二十年間で人口が二千七百五十人へと半減していたのである。同候補はまず村内の各地区を単位に後援会を作り、村民の九〇％以上を網羅した。

さらにその村民の七〇％は村外に出て知人・親戚に必死に投票を依頼した。その結果、その候補はトップ当選を果たしたが、選挙終了後には投票偽造や饗応《きようおう》で同派から九名の逮捕者が出たという（『朝日新聞』昭和五十四年十月二十六日）。

さきほどみたように選挙違反は、農村地帯に多い。その背景にはこのような過疎問題が伏在していると考えられる。このケースでも村内で買収があったかどうかは不明であるが、たとえなくとも多くの票はその候補に流れたであろう。ただし、買収があった方がよりスムーズに票を獲得できたことも確かだと思われる。この時期のムラで投票買収が行なわれていたことは、太田忠久『むらの選挙』や杉本仁・有泉貞夫「甲州選挙語彙」などから推察されるところである。

また、『朝日新聞』昭和五十四年十月一日によれば、買収が激しいといわれる山梨県の富士五湖《ふじごこ》青年会議所が地元住民約四百人にアンケート調査したところ、賄賂を受けとった経験のある人二四％、買収された経験のない人五九％、持ってきたが断った人八％、記憶にない人九％という答えが返ってきたという。ここからも、後援会などを通して有権者の末端にいたるまでの買収があったことは否めないであろう。

しかし買収の方法も、ムラの団結を前提に無差別に行なわれていた以前とは違ってきているようである。昭和五十四年十月四日の新聞報道には、ある選挙参謀のつぎのような談話が掲載されている。

潜行し悪質化する買収

買収はカネさえあればよいというのではなく、信頼できる人間同士が一対一で授受を行なわなければ密告される危険が高くなったので、ピラミッド型の機密性の高いルートを作り出さなければならない、またこのような買収によって集められる票は全体の一割である

というのである。これは、当時において比較的共通した意見のように思われる。一割という数字は非常に大きいといえるが、ここには相互にスパイや密告を気にしながら潜行的にしなければ違反ができなくなった様相も窺える。しかも、法改正で連座制や時効などが厳しくなったこともあって、買収をする側も相当の覚悟が必要となってきたはずである。新聞記事などから受ける印象では、買収する側にはだんだんと暴力団関係者が増加するように思われる。つまり、一般の国民は、買収は受けても買収する側に廻ることを避けるようになったのではないだろうか。

図16「運動者側・有権者側違反者数の比較」はいままで使用してきた統計数字を補正しながら運動者側と有権者側に分けて、その違反者数の推移を示したものである。ただし、

図16　運動者側・有権者側違反者数の比較

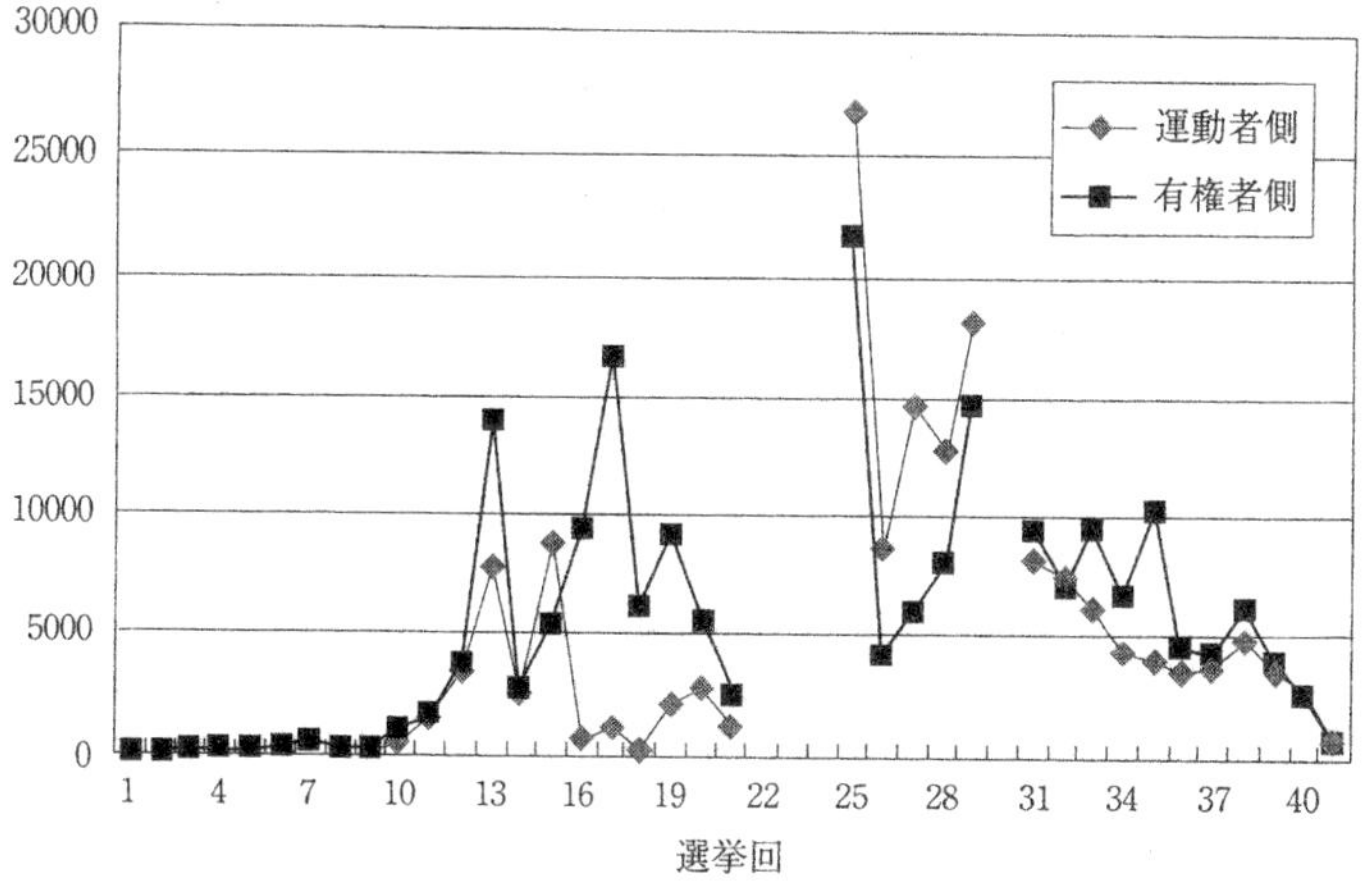

有権者側でありながら他の有権者を買収する場合、逆に運動者側でありながら買収を受ける場合もある。また、第十六〜二十一回総選挙（昭和三〜十七年）は運動員数が制限されていたために有権者側の者が事実上の運動をして検挙されたので、有権者側が多くなったと考えられる（戦後は制限がなくなる）。

したがって、必ずしも正確なものではないが、一応の目安として利用すれば、ここで重要なことは、同じ戦後でもⅣ期は運動者側が多いのに対し、このV期は逆に有権者側が多くなっていることである。これも買収する側が「善良」な市民から、特定の犯罪人に移行していることを表していよう。

また、表12「一票あたりの平均買収額」（直江勇一「第四〇回衆議院議員総選挙における

表12　1票あたりの平均買収額

第36回	2000円
第37回	3500円
第38回	7200円
第39回	8060円
第40回	9689円
第41回	14639円

違反取締結果について」『選挙』四七―一、一九九四年などより作成）は検挙された事件の買収総額を買収された人数で割った一人あたりの平均額であるが、これをみれば、それまで少額のまま推移してきたといわれる買収額が、この時期に来て高騰しているのがわかる。つまり、買収される側もしだいに悪質化していくのであった。

都市部の巧妙な事件

増加した警告の大部分は文書違反である。警告とは現実の違反になる前に警察が警告を与える制度であるが、ポスターを貼ったり、ビラを配るにはさまざまな制限がある。その制限を無視し路上などでポスター・文書によって売名するような行為がこれに該当する。公示日前にも多数の警告が出されている。おそらく人が密集し、イメージ選挙が繰り広げられる大都市部に多かったものと推測される。最後に、そんな巧妙な事件をひとつ紹介しよう。第三十五回総選挙（昭和五十四年十月七日）の東京第七区は、自民党の前職福田篤泰候補と同じく自民党都議の新人小沢潔候補が、たがいに票を食い合って激しい選挙戦を繰り広げていた。そして投票日一～二日前、一万数千人の有権者宅に突然、裏に「自民党本部」とゴム印の押してある白い封筒が郵送された。そのなかには、福田候補は悠々とトップグループを走っているが、新人の小沢候補は社会、公明、共産の現職の壁を破れず次点の位置にいる、新人候補にあと五千票を上乗せすればともに当選することができる、そこで当選確実な福田候補の票からあなた方の五千票を新人候補に回してほしいと書かれており、最後に首相大平正芳《おおひらまさよし》の顔写真と署名が印刷されていた。

投票の結果は、福田が七万九千五百四十六票で次点、小沢は八万八千十票で当選したのであった。しかし、これが福田候補支持者宅にも郵送されたため発覚してしまった。後日の調べでは、自民党都連の職員と文具商が計画し、十月二日に文具商が封筒をかき集めて印刷所に頼み、翌日には口の堅い運動員、支持者百名を集めて徹夜で宛名書き、封筒詰め、切手貼り作業を行なわせた。その場所は機械工場の倉庫で、蚊がひどい所であったという。違反もなかなか大変なようである。

現代選挙違反事情

選挙違反の現在

最後に、Ⅵ期すなわち平成六年（一九九四）に小選挙区比例代表並立制および政党交付金制度が導入されて以降の現在はどうなっているのかであるが、直近の平成十七年の第四十四回衆議院議員選挙（総選挙）での選挙違反について、取り締まり側がまとめた文書をみると（高橋喜智弥「第四十四回衆議院議員総選挙における違反取締り結果について」『選挙』五九―一二、二〇〇六年）、いくつか特徴的なことがある。たとえば、

・警告はほとんどが文書で、かつ小選挙区選挙に関するものであること、
・検挙者はやはり買収が多く、かつ地方議員や運動員に高額のカネが渡された、つまり悪質で確信的な犯罪であること、

・高齢者・知的障害者を不正に誘導して投票させたもの、
・マニュフェストを有権者宅ポストに頒布したもの、
・個人ホームページを選挙活動に利用するなど新しい傾向がみられたこと、

である。これらが今後さらに拡大する可能性もあるが、しかしとりあえず数的には、現在はあらゆる面からみて選挙違反は極端に少なくなっている。この状態をどのように評価すればよいだろうか。

減少する選挙費用

かつて田中角栄《たなかかくえい》内閣時の昭和四十九年（一九七四）参議院選挙では、全国区で「一〇当七落」（十億円ならば当選、七億円では落選）、地方区でも「五当三落」といわれ、衆議院議員選挙でもやはり同内閣の昭和四十七年第三十三回総選挙の際は「二当一落」（二億円で当選、一億円で落選）と噂された。あくまでもマスコミの噂レベルの数字ではあるが、この時をピークにその後は徐々に減少し、ある保守系政治家の話では中選挙区制度最後となった第四十回総選挙（平成五年）では二千万円、新制度における小選挙区下での選挙（第四十一回総選挙、平成八年）では倍の四千万円だったという（『週刊金曜日』二〇〇〇年十月六日号）。

細かい部分ではわからない点もあるが、一般に選挙資金や選挙運動に対する監視が厳しくなり、選挙費用が減少し違反行為も減少していることは事実であろう。これまでいくつ

表13　選挙費用額の変遷(推定)

選挙回数	年	当時の金額	現在の金額	備考
第１回	明治23(1890)	1000円	750万円	
第７回	明治35(1902)	5000円	1500万円	大選挙区導入
第12回	大正４(1915)	8000円	2800万円	大隈内閣選挙
第15回	大正14(1925)	2万円	2000万円	制限選挙の最後
第16回	昭和３(1928)	5万円	7100万円	普選第1回
第18回	昭和７(1932)	7万円	1億3000万円	戦前のピーク
第23回	昭和22(1947)	60万円	1300万円	戦後第2回目
第24回	昭和24(1949)	150万円	1300万円	2当1落
第28回	昭和33(1958)	950万円	3600万円	1当9落
第33回	昭和47(1972)	1億5000万円	2億5500万円	田中角栄内閣
第35回	昭和54(1979)	1億0000万円	9000万円	オイルショック後
第38回	昭和61(1986)	8000万円	6400万円	中曽根内閣
第40回	平成５(1993)	2000万円	1800万円	中選挙区最後
第41回	平成８(1996)	3000万円	2700万円	小選挙区第1回

かの総選挙でその選挙費用額を掲げてきたが、ここで大雑把にではあるが、改めてその変遷をたどってみよう。表13「選挙費用額の変遷（推定）」がそれである（たとえば「二当一落」ならば中間の一億五千万円とした）。これを「現在の金額」ベースでみれば、図2の選挙違反者数（三六ページ）と同じように全期間を通して二つの山をなしており、選挙違反者数と選挙費用額は比例関係にあるようである。ちなみに、選挙違反者数と一人あたりの買収額が反比例することは前述の通りである。

また、現在の法定選挙費用限度額はおおむね二千五百万円であり、表13の現在の推定選挙費用額とほぼ同じである。とすれば、ここにきてやっと選挙違反も減少し、法定限度額で選挙が行なわれるようになったということであり、それは、近代初期に導入された西洋の選挙制度が、ついに理想的な形で実現したということになろうか。内務官僚たちのあくなき努力が、ここにきてやっと報われたようである。

増加する政治資金

しかし広義の意味からいえば、本当に選挙にカネが掛からなくなったのかといえば、どうもその逆のようである。まず、個人後援会を中心とした地盤培養のためのカネが従来以上に多くかかるようになったといわれる。政治資金報告書などから、秘書・事務所・備品光熱費などで年間数千万円から一億円以上かかっていることがわかるが、その他に個人後援会のさまざまな行事でさらに数千万円が必要となり、合計すれば大きな額になる。つまり、選挙終了後からつぎの選挙公示までの期間に、地盤培養のために合法的な形で数億円がすでに遣われているのである。

最近、秘書の給与をピンハネする議員がいたことが話題になったが、秘書給与もずいぶんとかかるようになった。昭和二十二年（一九四七）に議員秘書という制度が敷かれ、昭和三十八年に一人から二人となり、平成六年（一九九四）に政策秘書が追加され、公設秘書が三人となった。その三人の給与は国庫から出され、一人平均約一千万円となっている。これらの秘書たちも、その多くは地盤培養のために奔走しているといわれ、必ずしも政策立案調査に没頭しているのではないようである。

しかし、ここにきて個人の活動よりもめざましく増加しているのが、政党自身の活動費である。やはり平成六年から政党交付金制度が始まり、一定数の議員を確保した政党には国庫から交付金が支出されその活動資金になるが、ここからテレビコマーシャルや公認候補への公認料が支出される。平成八年（一九九六）の第四十一回総選挙では、新進党では約五千万円かけてテレビコマーシャルを制作し放映、自民党もテレビコマーシャルや新聞全面広告で対抗、これら政党の宣伝費は百億円に達した。また、小選挙区の公認候補には自民党・新進党では一千万〜二千万円が支出されたという（『週刊現代』一九九六年十一月二日号）。

これによって、派閥領袖からも選挙資金をもらい個人後援会を中心に選挙運動をしていたこれまでとは様相を異にしてきた。党やその顔である総裁が選挙の前面に登場するようになったのである。

このように、大正期にイメージを重視しつつ地盤培養に励んだのと同じように、現在も二正面作戦をとる必要に迫られており、政治資金の増加は避けがたいものがあるようである。

以上のように現在では、選挙の際には金銭面でも運動面でも合法化されたのであるが、それはその他の期間における地盤培養活動や、政党による活動によって補完されているのであり、しかも、その活動資金の多くは国庫から支出されているということになろう。もちろんそれでも足らない場合には、不正な手段によるカネ集めが行なわれるが、それは公職選挙法ではなく、政治資金規正法によって取り締まられることになるのである。

鏡としての選挙違反――エピローグ

ここでは、これまで見てきたことに基づいて、近代日本においてなぜ選挙違反が起こり、それがどんな理由で増減するのかをまとめてみたい。

買収の全般的傾向

まず、その過程を時期的に整理すれば、つぎのようになろう。

Ⅰ期　帝国議会開設～日露戦争

少数のエリート間での個人的で高額な買収が小規模に行なわれた。他方で多数の村民たちが事実上の投票妨害という形で選挙に関わっていた。

Ⅱ期　日露戦後～普通選挙実施・政党内閣

政党が地方名望家・公民を介して再編成された地域共同体（「名望家秩序」）に浸透し、

地域が一体となって組織的かつ大規模に買収が行なわれた。他方で大都市部では、理想選挙の動きが起こり買収への嫌悪感も高まった。このように、二つの傾向が混在することになった。

Ⅲ期　挙国一致内閣・選挙粛正運動・翼賛選挙～敗戦直後

買収を止めるべく官僚は、「名望家秩序」に対して、より細分化、深化した組織を国民のあいだに作っていった。その結果、確かに買収は減少した。

Ⅳ期　占領後期～安保闘争など保守・革新対立期

候補者側もそのような組織を通してより細分化、深化、巧妙化した形で買収を行ない、違反者数も急増した。その装置として、個人後援会が広く利用されるようになった。

Ⅴ期　佐藤栄作～宮沢喜一まで自民党内閣期

高度成長、公明選挙運動などによって、組織から離れた個人化が進行したため都市部を中心にイメージ選挙が広まった。その結果、買収は減少に向かった。

Ⅵ期　細川護煕内閣誕生・選挙法改正～

違反者数も狭義の意味での選挙費用額も大幅に減少した。ただし、選挙公示期間以外での広義の政治資金は減少したわけではない。

これらのことから、つぎのようなことがいえよう。第一は、政党勢力が台頭し権力に近づけば近づくほどカネも集まるようになり、それが買収を生んだということである。とくに、政党間の対立が激しい時にはいっそう拍車がかかった。昭和初期の政友会・民政党の二大政党時代、そして昭和三十年前後の保革対立時代である。

選挙違反から浮かぶ近代社会

第二に、買収＝選挙犯罪はやはり社会を映す鏡であり、それぞれの時期の地域政治社会の態様を反映していることである。本書で見てきた買収のルートは、いわば選挙の表《おもて》の正規のルートをウラからなぞったような形であった。そして、それゆえに表から見ただけではわからない部分がより鮮明になったということもあろう。簡単にいえば、そのルートはⅡ期のムラ、Ⅳ期のより多数でより細分化された諸団体、そしてⅤ期の個人化というように、より小さな単位に延びていったのである。このことは、当たり前だが近代社会がダイナミックに変転しつつあったことも示している。

第三は、確かに選挙違反者数は、時期によっては「文明国としてはいささか恥ずかしい」ほどであったが、では違反者たちが買収を受けた結果、自分の意志に反した人物に投票したかといえば、それはそれほど多くなかったということである。多くの違反者たちは、みずからの意に沿う候補者か、またはとくに応援はしないが、投票してもよいという程度の好意を持っている候補者からカネを貰うケースが大半のようである。もしこの捉え方が妥当ならば、買収とは有権者を投票所に動員し、投票率を高める機能を持っていたということになろう。

第四に、選挙違反を嫌う声も常に高かったことである。それを実際の行動として示したのは官僚であった。官僚らは、極右も極左も排斥し社会秩序を維持するために「名望家秩序」、そして昭和期のよりきめ細かい組織作りとスクラップ・アンド・ビルドを繰り返したが、その際に恰好の突破口として利用したのが、国民の間にあるこの選挙違反を嫌うところであった。

第五に、戦前期においては、選挙権の有無にかかわらず、実際の選挙戦には違反も含めて多数の国民が関与していたということである。有権者＝公民は、いわば地域共同体の住民、構成員の代理人的性格も持っていた。そして、下のレベルの住民ほど、また都市であるほど選挙違反には比較的縁が薄かった。このことは、戦前の社会では従来いわれるほどに「名望家秩序」が地方を支配していたり、国民が国家や名望家に騙《だま》され唯々諾々《いいだくだく》としていたわけでもなかったことを意味しているように思われる。われわれは、この点から近代史全体を見直す必要に迫られているのではないだろうか。

以上のような経緯を経て、現在では公職選挙法に違反するような犯罪行為はなくなり、狭義の選挙費用も法定の範囲内に収まるようになった。また、選挙運動面でも個人後援会が違反の温床から、しだいに比較的純粋な形の政治団体化しつつあること、運動の中心が候補者個人から政党に移りつつあること、マニュフェストが配布され政策方針がより明確になったことなども、われわれはおおいにプラスに評価すべきであろう。

現在の問題点

しかし、これで選挙がすべて健全化され、今後の日本は必ずや国民の多くが納得できるような理想的な政治が実現されるのかといえば、残念ながらこの楽観論に無条件で賛成する人も多くはないだろう。とりあえず、いくつかの問題点をあげてみよう。

まず、選挙違反はいまだ根絶したわけではないということである。過疎に起因する買収犯罪があったように、過疎化の進行は買収の温床にもなろう。インターネットに代表される新たな情報技術も、ハイテク選挙犯罪を生む可能性を持つ。さらに、海外からの人口流入は他の先進国のように社会的亀裂を拡大する可能性があり、選挙権の問題もあるが、将来的にはそれが選挙違反を増加させる可能性もあろう。

より切実な問題は、選挙に関して広義の意味で多くのカネが支出されているということであろう。まず、選挙の施行そのものにカネがかかる。候補者個人は選挙期間以外での地盤培養でカネがかかり、政党も宣伝や代議士活動の補助としてカネを遣う。この結果、カネ集めの点で多くの事件が露見しているのが現在である。

しかし、これら二点に関しては今後のさらなる努力によって改善可能であろう。構造的なものとして資本主義社会では絶対になくならないと思われてきた買収犯罪も減少したことを考えれば、あながち無理ではないだろう。

おそらく、選挙をめぐる現在の最も重要な課題は投票率であろう。昭和四十年（一九六五）以前では、選挙が社会の諸組織と密接な関係を持っていたため、選挙違反も多かったが、選挙に参加する者たちも多かった。しかし、それ以後のイメージ選挙の時期では選挙違反も減ったが、投票率の低下も顕著となった。果たして、これはつぎのスクラップ・アンド・ビルドを必要とするような構造的問題なのだろうか。

この課題に対しては、「明るい選挙推進」運動のように、啓蒙活動によって取り組むことももちろん必要だが、その原因から考えることも重要であろう。

劇場型政治を超えて

そこで、最後に私見を述べて本書を終わりにしたい。まず、政党・候補者側についてであるが、個人後援会は当初、買収のための組織であったが徐々に体裁を整え、現在では個人化した有権者を包摂するための有効な組織となっている。イメージ選挙は確かに一面で投票率の低下につながったが、それに対するアンチテーゼとして、国民の間に一時的興奮を創り出したのが、良くも悪くも小泉前首相の劇場型政治であった。ところでこれは、じつは大正初期の大隈伯後援会に近いものであった。その大隈伯後援会は、本書でも紹介したように、選挙史においては画期的なもので大量の新たな政治参加層を開拓した。そこで、この劇場型政治もせっかく向き合った演技者と観客のあいだに亀裂を生じさせず、さらに継続、拡大して、政党後援会的なものに発展させるよう意図してはどうであろうか。

図17　選挙カーの上で応援演説をする小泉純一郎首相（衆院選，2005年9月，読売新聞社提供）

「党員」では、なにやら義務が発生し持続的な活動を強いられて鬱陶しい感じを与えるが、これならば気楽に入会できるだろう。

そして、その際には、よく言われるように、票獲得のための組織作りではなく、政策面で十分に民意をくみ取る努力が必要であろう。都市部から農村までさまざまな形でNPOなどが活発に活動している現況を見る時、国民はけっして観る側一辺倒ではなく、いったん分解した個人が社会の改革に向けて、個人の意思に基づいて再び凝集しつつあるようにも思われる。とすれば、露骨な形の集票マシーンよりも、政策的にその改革志向に目を向ける方が有効なように思われる。政策秘書は政策立案に使うべきである。

もうひとつは、選挙の自由化である。昭和戦前期から、選挙違反を撲滅しようとする運動のモデルは、選挙の公営化や連座制の強化によって成功したイギリスであった。結果的に現在の日本はイギリスを上回る公営化によって現在のように選挙違反を大幅に減少させることに成功したが、選挙実施のために多額のカネと、複雑な規制を必要としているのである。しかし、おそらく現在では選挙違反の減少こそが構造的現象であり、公営化、画一化を緩和したからといって、違反が目立って増大するとも考えられない。それよりも、候補者側のより自由な有権者への接近によって、投票率を高めることを期待した方がよいのではないだろうか。同時に先にみたように、政党政治を選択する以上、政治にカネが掛かることは致し方ないとすれば、削るべきところは削って逼迫した財政に少しでも貢献するようにした方がよいのではないだろうか。

あとがき

　二年ほど前のあるシンポジウムで、加藤陽子氏（東京大学大学院人文社会系研究科）から私の研究スタイルは、歴史を人間に喩《たと》えれば、背中から見るようなものだと評されたことがある。私自身は歴史に対し正面から向き合ってきたつもりであり、当初はいささか心外な感じを持ったが、冷静に考えれば、自分の感覚を頼りにここまでやってきたのであり、伝統的な学問の王道からは多少逸脱していたかもしれないと納得するようになった。それ以来、それならばもっと自分らしく、徹底的に背後から歴史を突っついてやろうという強い気持ちを持つようになった。これが本書の動機であり、副題「ウラからみた」にはこのような意味も込めている。

　私が近代の選挙に関心を持つようになったのは二十年ほど前であり、以来、山室建徳氏（帝京大学工学部）と一緒に、普及しはじめたばかりのパソコンを持って全国を飛び回るようになった。我々のねらいは選挙そのものよりも、それを通して近代社会の変遷を描きたいという点にあった。そして、「正面」（?）からみた選挙の歴史に関する学術論文もこれまでいくつか発表してきたが、背後からみた方が先に本という形になってしまったことにやや反省している現在である。

それにしても、過去における選挙違反者数の多さも驚きであったが、同時に「選挙違反を嫌うこころ」の強さにも驚いた。なかでも面白かったのは、昭和三年の第一回普選を控え、朝日新聞社が大々的に募集した普選の標語とポスターである（昭和二年九月一日号および昭和三年一月二十七日号にそれぞれ入選作が掲載されており、本書の表紙カバーなどでも利用させていただいた）。「清い一票、明るい日本」（一等、青山重拡氏）と買収撲滅を訴えるものや、「投票の一瞬は国家の百年」（三等、木原喜一郎氏）と一票の重要性を強調するものなどが多いが、特に後者は「注意一秒、けが一生」という交通安全標語を連想させ読んでいて笑ってしまった。果たして、明治二十三年（一八九〇）に実施された第一回衆議院議員選挙の際の「一瞬」の投票が、「百年」たった現在の日本国にどんな影響を与えているのだろうかなど、ついつい真剣に考えてみたりもした。副題中の「日本の一〇〇年」にもこのような意味がある。読者の皆様にも投票の前に同じ思いに耽《ふけ》っていただければ、本書にとってこれ以上の成功はない。

本書を執筆するにあたり、平成十八年度前期にいただいたサバティカル（大学教員の特権である研究休暇）を利用した。その期間中の半分は国会図書館に通い、半分は一日中パソコンの前に座っているという大学院生のような充実した研究生活を送ることができた。もっともそのために腰や背中が痛くなり、加齢を強く意識することになった。それはともかく、サバティカルのために同僚の教員や、学生にご迷惑をお掛けしたことをまずは謝りたい。史料の面では玉井清氏（慶應義塾大学法学部）、藤井徳行氏（兵庫教育大学社会言語教育学系）、籾木郁朗氏（宮崎県西都原考古博物館）らにご面倒をお掛けした。その他、有馬学氏（九州大学大学院比較社会文化研究院）、村瀬信一氏（文科省教科書調査官）、櫻井良樹氏（麗澤大学外国語学部）らにはいつもながら有形無形の恩恵に与っている。ともにここで改めてお礼を申し上げたい。末尾ながら本書執筆の動機と機会を与えて下さった吉川弘文館の早川邦武氏、斎藤信子氏にも心よりの感謝を申し述べさせていただく。

平成十九年四月

季武嘉也

参考文献

有馬　学「ムラの中の「民党」と「吏党」」『年報・近代日本研究一九　地域史の可能性』山川出版社、一九九七年

栗屋憲太郎『昭和の政党』小学館、一九八三年

伊藤克司「明治後半の衆議院選挙」『岐阜県歴史資料館報』二一、一九九八年

伊藤隆・坂野潤治「杉田定一・坪田仁兵衛関係文書にみる明治二十年代の選挙と地方政治」『社会科学研究』一七―一、一九六五年

伊藤　隆「戦後千葉県における選挙と政党」『昭和期の政治』山川出版社、一九八三年

上山和雄『陣笠代議士の研究』日本経済評論社、一九八九年

太田忠久『むらの選挙』三一書房、一九七五年

奥健太郎『昭和戦前期立憲政友会の研究』慶應義塾大学出版会、二〇〇四年

ジェラルド・カーチス著、山岡清二訳『代議士の誕生』サイマル出版会、一九六九年

阪上順夫『日本選挙制度論』政治広報センター、一九七二年

櫻井良樹『帝都東京の近代政治史』日本経済評論社、二〇〇三年

杉本仁・有泉貞夫「甲州選挙語彙」、有泉貞夫編『山梨近代史論集』岩田書店、二〇〇四年

M・ウィリアム・スティール「地方政治の発展」『年報・近代日本研究一四　明治維新の革新と連続』

山川出版社、一九九二年
藤井徳行・石川芳己「兵庫県における第一回総選挙」『選挙研究』八、一九九三年
前田貢一・合志昭範・岸本一男「昭和戦前期総選挙（第十六回—第二十一回）市町村別得票数データベースの作成と簡単なその計算事例」『平成十五年度多目的統計データバンク年報』八〇、二〇〇四年
源川真希「普選体制確立期における政治と社会」『日本史研究』三九二、一九九五年
R・H・P・メイソン『日本の第一回総選挙』法律文化社、一九七三年
山室建徳「一九三〇年代における政党基盤の変貌」、日本政治学会編『年報政治学』一九八四年
吉野　武『選挙の常識と選挙運動のうらおもて』大阪回宏社、一九三一年
吉見義明・横関至編『資料日本現代史四・五　翼賛選挙①②』大月書店、一九八一年

著者紹介

一九五四年、東京都に生まれる
一九七九年、東京大学文学部国史学科卒業
一九八五年、東京大学大学院博士課程単位取得退学
現在、創価大学文学部教授、博士(文学)

主要編著書

大正期の政治構造　知っておきたい日本の名言・格言事典(共著)　大正社会と改造の潮流(日本の時代史24、編)　近現代日本人物史料情報辞典(共編)　鳩山一郎・薫日記(共編)

歴史文化ライブラリー
235

選挙違反の歴史
ウラからみた日本の一〇〇年

二〇〇七年(平成十九)七月一日　第一刷発行

著者　季《すえ》武《たけ》嘉《よし》也《や》
発行者　前田求恭
発行所　株式会社 吉川弘文館
東京都文京区本郷七丁目二番八号
郵便番号一一三—〇〇三三
電話〇三—三八一三—九一五一〈代表〉
振替口座〇〇一〇〇—五—二四四
http://www.yoshikawa-k.co.jp/
印刷＝株式会社 平文社
製本＝ナショナル製本協同組合
装幀＝マルプデザイン

歴史文化ライブラリー

1996.10

刊行のことば

現今の日本および国際社会は、さまざまな面で大変動の時代を迎えておりますが、近づきつつある二十一世紀は人類史の到達点として、物質的な繁栄のみならず文化や自然・社会環境を謳歌できる平和な社会でなければなりません。しかしながら高度成長・技術革新にともなう急激な変貌は「自己本位な刹那主義」の風潮を生みだし、先人が築いてきた歴史や文化に学ぶ余裕もなく、いまだ明るい人類の将来が展望できていないようにも見えます。このような状況を踏まえ、よりよい二十一世紀社会を築くために、人類誕生から現在に至る「人類の遺産・教訓」としてのあらゆる分野の歴史と文化を「歴史文化ライブラリー」として刊行することといたしました。

小社は、安政四年（一八五七）の創業以来、一貫して歴史学を中心とした専門出版社として書籍を刊行しつづけてまいりました。その経験を生かし、学問成果にもとづいた本叢書を刊行し社会的要請に応えて行きたいと考えております。

現代は、マスメディアが発達した高度情報化社会といわれますが、私どもはあくまでも活字を主体とした出版こそ、ものの本質を考える基礎と信じ、本叢書をとおして社会に訴えてまいりたいと思います。これから生まれでる一冊一冊が、それぞれの読者を知的冒険の旅へと誘い、希望に満ちた人類の未来を構築する糧となれば幸いです。

吉川弘文館

〈オンデマンド版〉
選挙違反の歴史
ウラからみた日本の100年

歴史文化ライブラリー
235

2018年（平成30）10月1日　発行

著　者　　季《すえ》武《たけ》嘉《よし》也《や》
発行者　　吉　川　道　郎
発行所　　株式会社　吉川弘文館
〒113-0033　東京都文京区本郷7丁目2番8号
TEL　03-3813-9151〈代表〉
URL　http://www.yoshikawa-k.co.jp/

印刷・製本　大日本印刷株式会社
装　幀　清水良洋・宮崎萌美

季武嘉也（1954～）

ISBN978-4-642-75635-8